Andalusien

Gleißendes Licht überstrahlt Spaniens südlichste Provinz. Es leuchtet in den Eichenwäldern um die Quelle des Guadalquivir, brennt auf die Giralda in Sevilla, nistet in gekalkten Hausmauern, erwärmt die Stuben in den Alpujarras und umschmeichelt die märchenhaften Innenhöfe der Alhambra in Granada. Und darauf gibt es sogar eine Garantie. An mindestens 300 Tagen im Jahr werden Andalusien und seine Strände von der Sonne verwöhnt.

Die Costa del Sol wurde in den 1960er-Jahren eigens für sonnenhungrige Gäste erschaffen. Wo ehemals unter halb zerfallenen Sarazenentürmen Esel Lasten schleppten, wurden große Hotelanlagen aus dem Boden gestampft, und wo der Sand in den Buchten nicht reichte, wurde er aus dem Meer an die Küste gepumpt. Der internationale Jetset ließ sich nieder, in seinem Gefolge Adlige und Waffenhändler. Kinder der Beat-Generation und Hippies schliefen an den Stränden und zogen in verlassene Burgruinen. Der Glamour der Costa del Sol leuchtet noch immer. Auch Stars wie Melanie Griffith und Antonio Banderas haben hier ein Haus.

Die Nähe zu außergewöhnlichen Landschaften und einige der prachtvollsten Städte Spaniens schaffen zusätzliche Reize. Wüstenberge können nicht bizarrer sein als die in der Sierra de Tabernas, Olivenhaine nicht sanfter als in Jaén. Bergkatzen und Adler bevölkern die malerischen Karstgebirge der Provinz Cádiz, auf denen weiße Dörfer glitzern wie frisch gefallener Schnee. Das lebenslustige Sevilla verzaubert mit vielen Facetten. Cádiz vergleicht man mit dem kubanischen Havanna, und der Säulenhain der Mezquita in Córdoba lässt Ehrfurcht aufkommen vor dem Ausmaß an architektonischer Raffinesse.

Andalusien galt lange Zeit als das Armenhaus Spaniens. Seine hauptsächlich auf Feldbau und Fischfang ausgerichtete Wirtschaft und die über Jahrhunderte fest zementierten Besitzverhältnisse hielten die Region fest im Zangengriff der Rückständigkeit. Es litt unter der höchsten Analphabetenquote des Landes. Doch der ehemalige Ministerpräsident Spaniens, Felipe González, Jurist und Wirtschaftswissenschaftler aus Sevilla, verhalf seiner Heimat zu neuem Glanz und neuen Autobahnen. Sevilla lud sich 1992 die Expo als Gast, und seitdem geht es wirtschaftlich nur noch bergauf.

Autorin Susanne Asal und Fotograf Miquel Gonzalez durchstreiften für diesen HB-Bildatlas eine der reichsten europäischen Kulturlandschaften, suchten und fanden andalusische Authentizität.

Blick auf das Castillo von Almodóvar del Rio, eine gut erhaltene mittelalterliche Burg.

Titel: Die Alhambra von Granada.

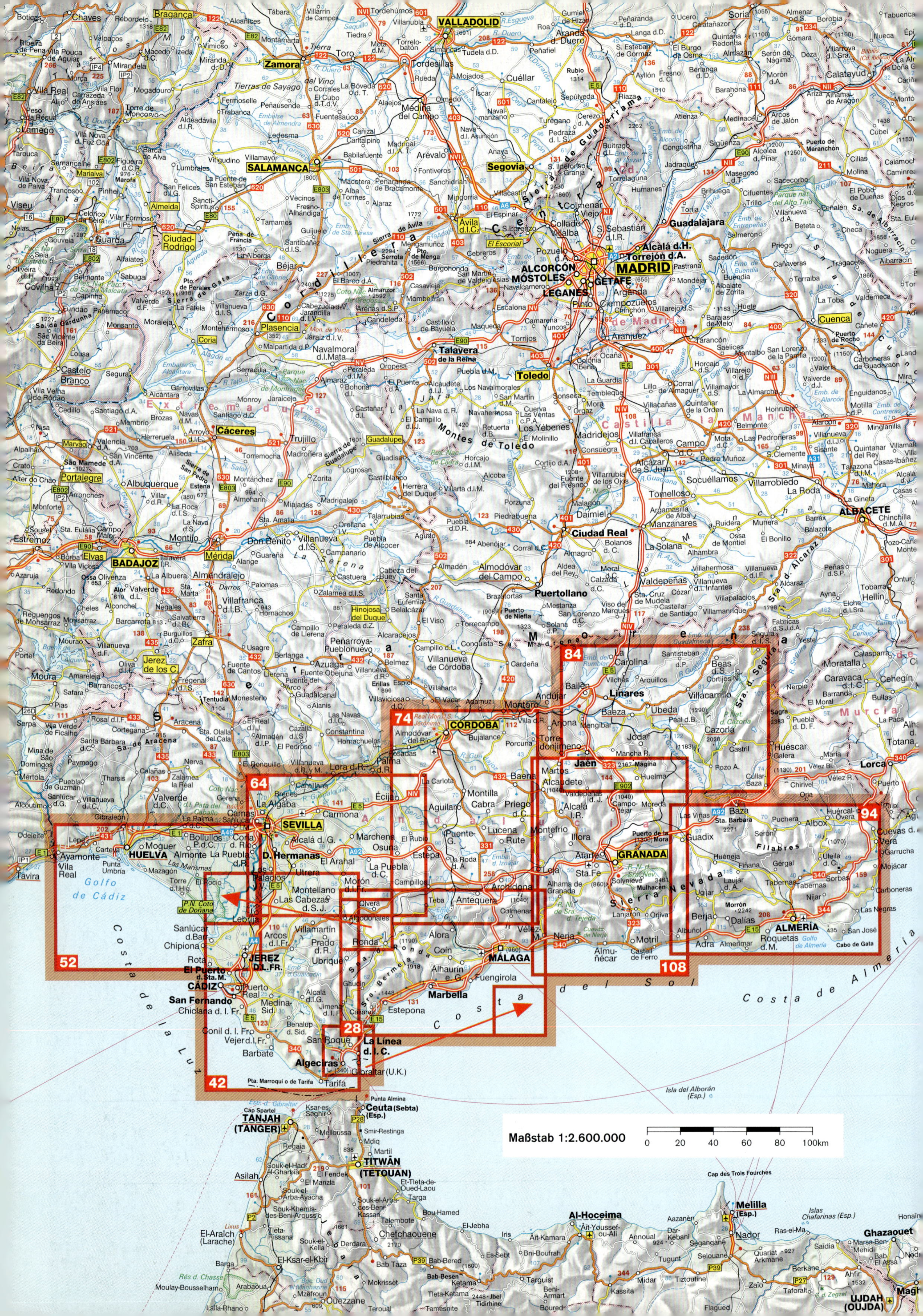

Maßstab 1:2.600.000
0 20 40 60 80 100km
MADRID
VALLADOLID
SALAMANCA
Zamora
Segovia
Ávila
Toledo
Guadalajara
Cuenca
Cáceres
BADAJOZ
Mérida
Ciudad Real
ALBACETE
CÓRDOBA
SEVILLA
HUELVA
CÁDIZ
JEREZ
MÁLAGA
GRANADA
ALMERÍA
Jaén
Linares
Algeciras
La Línea
Gibraltar (U.K.)
Ceuta (Sebta) (Esp.)
TANJAH (TANGER)
TITWÂN (TETOUAN)
Melilla (Esp.)
UJDAH (OUJDA)
Al-Hoceima
Golfo de Cádiz
Costa de la Luz
Costa del Sol
Costa de Almería
Sierra Nevada
Montes de Toledo
Castilla la Mancha
Extremadura
Isla del Alborán (Esp.)
Cap des Trois Fourches
28
42
52
64
74
84
94
108

Inhalt

Andalusien in markanten Bildern

6 Oliven – so weit das Auge reicht
8 Traum der Nasriden
10 Ruhe vor dem Sturm
12 Dörfer wie aus dem Bilderbuch
14 Wilde Küsten fern vom Trubel
16 Andalusien: Land, Leute, Geschichte und Kultur

Rund um Málaga: Badeorte und Banditen

18 Málaga und Montes de Málaga · Garganta del Chorro · Costa del Sol: Torremolinos und Fuengirola · Mijas, Casares und Estepona · Marbella · Gibraltar · Ronda
28 Autokarte
29 Wo gibt es was?

Von Cádiz aus durch die weißen Dörfer

30 Cádiz und die Küste · Jerez de la Frontera · Die weißen Dörfer: Setenil de la Bodegas, Zahara de la Sierra, Arcos de la Frontera, Grazalema, Olvera, Vejer de la Frontera und Jimena de la Frontera · Medina Sedonia · Tarifa und Algeciras
42 Autokarte
43 Wo gibt es was?

Im Nationalpark Coto de Doñana

44 El Rocío, Coto de Doñana und das Delta des Guadalquivir · Sanlúcar de Barrameda und El Acebuche · Palos de la Frontera und La Rábida · Lepe, Isla Cristina und Matascalaña · Huelva · Moguer de la Frontera · Niebla
52 Autokarte
53 Wo gibt es was?

Sevilla, sinnen- und feierfreudig

54 Sevilla und die Semana Santa · Itálica · Écija · Carmona
64 Autokarte
65 Wo gibt es was?

Córdoba, die Stadt der Kalifen

66 Córdoba · Sierra Subbética
74 Autokarte
75 Wo gibt es was?

Im Land der Oliven: Jaén und Umgebung

76 Jaén · Baeza · Úbeda · Cazorla
84 Autokarte
85 Wo gibt es was?

Provinz Almería – die Wüste Spaniens

86 Almería · Sierra de los Filabres · Tabernas · Nijar · Cabo de Gata
94 Autokarte
95 Wo gibt es was?

Granada und das Erbe der Mauren

96 Granada und die Alhambra · Suspiro del Moro · Las Alpujarras: Bubión, Pampaneira, Trevélez · Guadix · Nerja und Frigiliana
108 Autokarte
109 Wo gibt es was?

Anhang

110 Touristik-Informationen mit Reise- und Wetterdaten
113 Register, Impressum, Zeichenerklärung der Karten
114 Vorschau Lieferbare Ausgaben

Die Giralda von Sevilla wurde im 12. Jahrhundert als Teil der Hauptmoschee errichtet. Der fast 100 Meter hohe Turm gilt heute als Wahrzeichen der Hauptstadt Andalusiens.

Oliven – so weit das Auge reicht

In Jaén und Córdoba reihen sich die Hügel mit den Ölbaumplantagen malerisch bis zum Horizont. Die Phönizier brachten das aromatische Früchtchen nach Andalusien. Bis heute bestimmt es die Landwirtschaft und den Alltag weiter Teile der Provinzen.
Doch auch sonst spielen Agrarprodukte eine wichtige ökonomische Rolle. Vor allem die Erdbeere aus Huelva, aber auch grüner Spargel, Kürbisse, Chirimoya, Tomaten und Paprika aus der Provinz Almería gehören zu den Exportgütern.

Die beinahe alles bedeckenden Olivenhaine bei Segura de la Sierra sind ein Erbe der Mauren: Viele Andalusier leben heute von der Olivenölproduktion.

Traum der Nasriden

Höchste Handwerkskunst offenbart sich in den Nasriden-Palästen der Alhambra von Granada. Stuck und Stein wurden bearbeitet, um traumhafte Raumillusionen zu schaffen. Die maurischen Künstler schufen hier und in der Mezquita von Córdoba Kunstwerke von großer Raffinesse und Strahlkraft, der das Monumentale fremd ist. Doch nicht nur der zarte, fast verspielte Prunk der Paläste bezaubert. Die Mauren brachten auch praktische Erfindungen nach Andalusien: Ihre Bewässerungssysteme haben bis heute Bestand.

Atemberaubende maurische Kunst: Reiche Dekorationen schmücken das Gewölbe der Sala de las dos Hermanas in der Alhambra von Granada.

Ruhe vor dem Sturm

Alljährlich zu Pfingsten verwandelt sich das friedliche El Rocío in ein Tollhaus. Mit einem riesigen Fest feiert man die kleine Madonna vom Morgentau. Der Ort liegt im einzigen Nationalpark Andalusiens, dem Coto de Doñana. Das Zusammentreffen von Marschland, Lagunen, Wanderdünen und Buschwald macht ihn zu Europas wichtigstem Vogelschutzgebiet. Sein Bestand wird immer wieder von Tourismusprojekten bedroht. In vielen Naturparks der Provinz versucht man deshalb, deren landschaftliche Reize mit umweltverträglichem Tourismus zu vereinen.

Ein schönes ländliches Idyll ist das kleine Dorf El Rocío mit der imposanten Kirche zu Ehren der Madonna vom Morgentau.

Dörfer wie aus dem Bilderbuch

In den weißen Dörfern scheint die Geschichte innegehalten zu haben. Anmutig ruhen sie zwischen Olivenhainen und Karstgebirgen, gekrönt von Festungen, die aus der Zeit stammen, als Christen und Mauren um das strategisch wichtige Land kämpften. Das Gewirr der stillen, engen Gässchen und der Schmuck der rot leuchtenden Geranien erzeugen eine unverwechselbare Atmosphäre. Jedes Frühjahr macht man hier Hausputz: Die Mauern bekommen einen frischen Kalkanstrich.

Stellvertretend für die Architektur und Lage der meisten weißen Dörfer steht Zahara de la Sierra: Blendend weiße Gebäude scharen sich um einen Berg, auf dem die Ruine einer maurischen Burganlage an vergangene Zeiten erinnert.

Wilde Küsten fern vom Trubel

So wild können Andalusiens Küsten sein: Der Cabo de Gata in der Provinz Almería bildet einen augenfälligen Kontrast zu den Tourismusorten Torremolinos und Fuengirola, in denen das Urlaubsvergnügen durchorganisiert ist und die Apartmentblocks direkt an die Strände grenzen. Hier dagegen steht zur Abendunterhaltung der Sonnenuntergang zur Verfügung, den man von einer kleinen Fischerkneipe aus betrachten kann.

Die Provinz Almería hält Überraschungen bereit, zum Beispiel die ursprünglich gebliebene Küstenlandschaft der Sierra de Gata: Hier der Blick von der Punta Negra nach Nordosten.

Andalusien: Land, Leute,

Brückenschlag nach Afrika

Nur elf Kilometer trennen die südlichste Provinz Spaniens von der Küstenlinie des afrikanischen Kontinents. Wenn man in Tarifa über das Meer blickt, erscheint die gebirgige Silhouette Marokkos zum Greifen nah. So nah, dass es nicht verwundert, die Geschichte Andalusiens eng mit der des schwarzen Kontinents verknüpft zu finden. Sie beginnt mit einer Legende: Der Zeus-Sohn Herakles persönlich soll die marokkanischen und andalusischen Gebirge auseinander gerückt haben, um dem Mittelmeer freien Zugang zum Atlantik zu verschaffen.

Die Mittelmeerküsten sicherten durch Handel Wohlstand, ließen sich aber auch erobern. Von Afrika ausgehend wurden die antiken Häfen des Mittelmeeres unterworfen, wie es zum Beispiel um 1100 v. Chr. die Phönizier taten, denen die Gründung von Gadir, dem heutigen Cádiz, zuge-

Die auf dem Felsen von Gibraltar lebenden Affen wurden ursprünglich von den Mauren angesiedelt.

sprochen wird. Ihnen folgten die Griechen, die Karthager und schließlich die Römer, die nach etwa 500-jähriger Herrschaft ab 400 n. Chr. von den Vandalen vertrieben wurden. Und dann kamen die Mauren über die Meerenge: Sieben Jahre brauchten sie, um weite Teile der Iberischen Halbinsel zu besetzen. Den Süden eroberte der arabische Feldherr Tarik, der den Djebel el Tariq (= Gibraltar, Berg des Tarik) zu seinem Stützpunkt erwählte, 711 in der Schlacht von Jerez. Die große Zeit von Al-Andalus konnte beginnen.

Die Katholischen Könige

Die ersten Risse in das maurische Machtgefüge schlugen die Christen in den Pyrenäen in der Schlacht bei Covadonga bereits 722. 1492, im Jahr der Eroberung Lateinamerikas, fiel als Letztes Granada, die Hauptstadt der Nasriden, die sich kampflos ergaben. Als Einzige hatten die Nasridenfürsten einen Vasallenstatus unter kastilischer Herrschaft akzeptiert, um die Moslems vor Glaubensverfolgungen zu schützen. Das hatte ihnen jedoch nichts genutzt.

Bis 1516 regierten die Katholischen Könige Ferdinand und Isabella, danach ihr Enkel Karl V. und sein Sohn Philipp II. (†1598) zunächst nur Spanien und dann die halbe Welt. Sie schufen das ›Königreich, in dem die Sonne nie untergeht‹. Kein anderes Land besaß so viele Kolonien wie Spanien. Innenpolitisch legte die Inquisition ihre Fallstricke aus, die zunächst Mauren und Juden mit Todesurteilen bedrohte und deren Besitz konfiszierte und später Andersdenkende genauso rücksichtslos verfolgte. Damit kerkerte Spanien seine Intellektuellen ein und verhinderte jedweden Fortschritt auf Jahrhunderte.

Anarchie und Bürgerkrieg

Erst im 19. Jahrhundert festigte sich das Bürgertum zu einer dominanten politischen Konstante, ohne jedoch wirklich an entsprechendem Einfluss zu gewinnen. Die Regentschaft von Alfonso XIII. wurde 1931 von der Zweiten Republik abgelöst. Die Verhältnisse in Andalusien waren besonders bedrückend gewesen. Teile der Landarbeiterschaft hatte sich in anarchistischen Verbänden organisiert. Es gab Konzepte für eine Agrarreform, um die feudalen Zustände zu beseitigen, die noch immer auf dem Lande herrschten. Doch der Ausbruch des Bürgerkriegs 1936 zerstörte alte und neue Ordnungen in ihren Grundfesten. General Franco landete, unterstützt von der deutschen Wehrmacht, in Barbate an der andalusischen Costa de la Luz, einem kleinen Dorf der Tunfischfänger. Die Deutschen erhielten dafür als Gegenleistung den Luftwaffenstützpunkt Morón bei Sevilla, den die Legion Condor, die später das baskische Guernica vernichtete, benutzte.

An den Folgen dieser schrecklichen Zeit hat Andalusien lange zu leiden gehabt, denn strukturell änderte sich hier wenig. Es galt zusammen mit der Nachbarprovinz Extremadura als die Verkörperung des rückständigen Spaniens, besaß die höchste Analphabeten- und Erwerbslosenrate. Doch mit dem aufkommenden Tourismus in den 1960er-Jahren änderte sich das öffentlichen Antlitz. Die Expo 1992 in Sevilla tat ein Übriges: Andalusien präsentiert sich heute selbstbewusst als eine Region an der Schnittstelle zwischen Tradition und Moderne, zwischen Bäuerlichkeit, Konservatismus und Quirligkeit.

Für Spanier ein sehr beliebtes Skigebiet sind die über 3000 Meter hohen Berge der Sierra Nevada.

Das Antlitz Andalusiens

Die autonome Region Andalusien besteht aus acht Provinzen und ist mit 87 200 qkm die zweitgrößte des Landes. Ihre Geschicke werden in Sevilla gelenkt; die Provinzhauptstädte Huelva, Cádiz, Málaga, Sevilla, Granada, Jaén, Córdoba und Almería haben eigene Verwaltungen, die mit lokalen Befugnissen, z. B. im kulturellen Bereich, ausgestattet sind.

Jede Provinz verblüfft durch ein eigenes, eigenwilliges Gesicht. Almería im Osten verfügt über ausgedehnte Wüsten, in Jaén im Nordosten und in Huelva im Südwesten der Provinz gibt es dichte, kühle Eichenwälder. Marsch- und Schwemmland gestalten den Nationalpark Coto de Doñana, fruchtbare Sumpfauen säumen den Flusslauf des mächtigen Guadalquivir in den Provinzen Córdoba und Sevilla. Die Sierra Nevada erhebt sich als schneeglänzendes Massiv im Hintergrund von Granada und hat den höchsten Gipfel Spaniens, den Mulhacén mit 3481 Metern.

Das Antlitz Andalusiens wird bestimmt durch drei geographische, parallel zueinander angeordnete Einheiten. Im Norden schirmt es die sagenumwitterte Sierra Morena von Kastilien ab. Der Fluss Guadalquivir durchmisst von seiner Quelle im Parque Natural Sierra de Cazorla, Segura y las Villas in Jaén die Provinzen Córdoba, Sevilla und Huelva und weitet sich zu einem eindrucksvollen Delta im Coto de Doñana.

Ganz Andalusien wird von Stränden gesäumt. Von Osten nach Westen sind das die Costa de Almería, die Costa Tropical um Motril und Almuñécar und die berühmte Costa del Sol mit ihren Zentren Torremolinos und Marbella. Die westandalusischen Strände an der atlantischen Costa de la Luz, die sich von Tarifa bis zur portugiesischen Grenze dehnen, bestehen aus natürlichem, feinem Sand.

Geschichte und Kultur

Tomaten und Toros

Der Naturraum erlaubt sowohl Ackerbau als auch Viehhaltung. Dabei werden die Gegebenheiten geschickt genutzt. In den trockenen Gebieten um Almería kommt die Plastikplane zum Einsatz. Hier gedeihen Tomaten, Paprika und Bohnen einzig durch Verdunstungsfeuchtigkeit. Der Landsaum entlang der Costa Tropical liefert Tabak, Chirimoya und Zuckerrohr. Die fruchtbare Campiña in Córdoba und Sevilla wird ergänzt durch die Vega Granadas. Hier befinden sich die Kornkammern Andalusiens, flankiert von Obst-, Gemüse- und Weingärten. Baumwolle wird in Cádiz angebaut; Oliven prägen die Ökonomie der Provinz Jaén. Die Eichenwälder um die Sierra de Aracena in der Provinz Huelva machen Wildschweine satt, deren Schinken (pata negra) und geräucherte Filets (caña de lomo), fein aufgeschnitten, wiederum anspruchsvolle Gaumen glücklich machen. Ausgedehnte Viehweiden bedecken die küstennahen Niederungen in den Provinzen Cádiz und Huelva, dort werden auch Kampfstiere gezüchtet. Die besonderen klimatischen Bedingungen lassen hier die würzigen Jerez-Weintrauben reifen.

Doch bleibt der Boden ungerecht verteilt. Mit wenigen Ausnahmen herrscht Großgrundbesitz vor, saisonale Arbeitskräfte werden zu Ernte- und Lesezeiten eingestellt. Konzentration auf Landwirtschaft, aber fehlende Industrialisierung gelten als Merkmal für ökonomische Rückständigkeit,

Großflächige Gemüsezucht unter Plastikplanen: In der Provinz Almería gehört dieses Bild zum alltäglichen Anblick.

und dies gilt auch für Andalusien. Mag der Bergbau um Huelva einen bedeutenden Platz in Spanien einnehmen, weitere Industriezweige erringen hauptsächlich regionale Bedeutung. Das Dienstleistungsgewerbe versorgt mehr als jeden zweiten Erwerbstätigen mit Arbeit, wozu der Tourismus den Löwenanteil beisteuert. ›La industria sin chimineas‹, die Industrie ohne Schornsteine, hat längst Andalusien überzogen. Im Reigen der spanischen Urlaubsziele sind nur die Balearen begehrter.

Maurische Kultur

Beeindruckend fällt das Erbe der islamisch-arabischen Herrscherdynastien auf dem iberischen Festland aus. Nahezu 800 Jahre lang haben sie diesen Landstrich mit ihrer Kultur befruchtet. Palmenfächer knistern erst seit maurischen Zeiten im andalusischen Wind, und der Olivenbaum, der ganz Jaén und halb Córdoba bedeckt, entstammt ihren Breitengraden. Seine Früchte sind so arabisch wie die Apfelsinen und Pfirsiche, Datteln und Feigen.

Der Zauber der maurischen Bauwerke ist Legende. Die Alhambra in Granada, die Mezquita in Córdoba, die unvollendet gebliebene und zerstörte Palaststadt Medina Azahara bei Córdoba, die Alcazaba in Almería, der Gibralfaro in Málaga bebildern perfekt die Künste der Stuckateure, Baumeister und Gartenbauarchitekten. Die Mauren übersetzten Aristoteles, schickten ihre Kinder zur Schule, bekämpften sich am Schachbrett, badeten in parfümierten Wannen, ersannen Wasserspiele und ausgeklügelte Bewässerungssysteme, nutzten die Verdunstungsfeuchtigkeit als Klimaanlage und legten die schönsten Gärten der westlichen Hemisphäre an. Und auch für Toleranz unter den Religionen wurde Andalusien unter der Maurenherrschaft berühmt: Christen, Juden und Moslems lebten überwiegend friedlich miteinander.

Andalusische Lebensart

Bloß keine Vorurteile! Die Bar und die Siesta gehören zum andalusischen Savoir-vivre. Die Bar ist eine Institution im Leben der Andalusier. Unmöglich, dass selbst der kleinste Ort ohne eine solche auskäme, eher sucht man vergeblich nach einem Postamt. Zu jeder Tageszeit ist sie geöffnet, für den morgendlichen Milchkaffee genauso wie für den abendlichen Rotwein, Fino oder Brandy. Hier nimmt man tagsüber einen Café Solo, plaudert mit dem Wirt, lästert über die Politik, lobt die neue Frisur der Nachbarin, um dann, vielleicht um die Mittagszeit, ein kleines Bier mit einem Tellerchen voll Tapas zu genießen.

In den heißen Mittagsstunden des Südens sind kleine Städte und Dörfer oft bis 17 Uhr wie ausgestorben. Hinter geschlossenen Jalousien hat man sich ins Private zurückgezogen. Für Nord- und Mitteleuropäer ungewöhnlich, für Andalusier ganz normal: Der Tag folgt einer anderen Zeiteinteilung. Auf das Mittagsmahl folgt die obligatorische Siesta wie das Amen dem Gebet, und das ist das Gesündeste, was man während dieser brütenden Tageszeit

Einst ein Palast islamischer Herrscher: die kunstvoll errichtete und in Baudetails überraschende Alhambra von Granada.

tun kann, bis die Geschäfte gegen 16 Uhr wieder öffnen.

Dichter, Fiestas und Flamenco

Ein andalusisches Sprichwort sagt: Ein Volk, das viel leidet, singt auch viel. Also wundert es niemanden, dass in Andalusien nicht nur viel gesungen, sondern auch ausgiebig gefeiert wird. In kaum einer anderen Region Spaniens gibt es so viele Fiestas. Mag sein, dass auch der Flamenco deshalb hier zu Hause ist. Er symbolisiert eine Lebenshaltung, die nur wenigen Fremden wirklich nahe kommt – trotz diverser Flamencoschulen im In- und Ausland.

Anders die Dichtung. Kaum jemand kann sich dem Zauber der Gedichte Federico García Lorcas (1899–1936) entziehen, der es wie kein anderer moderner Dichter verstand, seine Heimat in lyrische Worte zu fassen. Auch Juan Ramón Jiménez (1881–1958), Nobelpreisträger für Literatur, gelang es, in seinen Werken eindrucksvoll von seinem Land zu erzählen.

Sonnenlicht als Wirtschaftsfaktor und als interessanter grafischer Reiz zugleich: Solaranlage in der Sierra de Tabernas.

Im Hafen von Estepona flicken die Fischer wie eh und je ihre Netze. Doch die Küste ist mittlerweile fest in der Hand der Tourismusmanager.

Rund um Málaga: Badeorte und Banditen

Malak – so nannten die Phönizier die Prozedur, ihre Fische zu salzen; so erhielt der ehemalige Fischerort an der Sonnenküste seinen Namen. Málaga ist groß geworden, aber nicht verdorben: Kultur und charmante Viertel blieben lebendig. Ansonsten kann man an der Costa del Sol nach Gusto Strandferien machen und hat das wunderschöne bergige Hinterland für Ausflüge.

△ Die Bausünden der 1960er- und 1970er-Jahre machten vor der historischen Stierkampfarena von Málaga gerade noch Halt

△ Vom Gibralfaro blickt man weit über Hafen und Stad

△ Beton und Strand kennzeichnen Torremolinos ... ... wie viele andere Badeorte an der Costa del Sol – hier der Stadtstrand von Málaga ▽

Auf den Blickwinkel kommt es an: Für die einen ist Málaga nur ein Charterflughafen, die Costa del Sol nichts anderes als eine gigantische Betonwüste und der Wein lediglich ein Auslöser für Kopfschmerzen. Pragmatiker loben, dass durch den Tourismus Zukunftsperspektiven geschaffen werden und Andalusien endlich vom Bettelstab befreit würde. Für alle Übrigen ist die Provinz Málaga mit ihrer Pablo-Picasso-Stadt ein kulturelles Erlebnis, mit den Wellen von Fuengirola ein Paradies für Surfer, mit dem lustigen Marbella ein lohnendes Ziel für Fun-Touristen und mit seinem Hinterland und den malerischen Gebirgsdörfern ein spannendes Wander- und Klettergebiet.

Málaga, liebenswerte Stadt

In Málaga lädt Sebastián auf ein Glas in die Antigua Casa de Guardia ein. Das Lokal ist so schmal wie eine Passage, und an einer Längswand stapeln sich die Weinfässer in die Höhe. Sebastián betreibt Imagepflege für seine Stadt. Das Pablo-Picasso-Museum, das abwechslungsreiche Abendleben, die prächtige Feria im August werden hoch gelobt. Ebenso die Semana Santa, die Einzige mit einem traditionellen Gnadenakt – der Freilassung eines Gefangenen nämlich –, getreu nach der Passion Christi, die von Carlos III. dekretiert wurde.

Wer Málaga gering schätzt, der täuscht sich. Die Stadt ist elegant, mit einem Kaleidoskop baulicher Schönheiten aus verschiedenen Epochen, dem römischen Amphitheater, der Burgfeste Alcazaba, all das ein bisschen bergauf, bergab verstreut; mit den modischen Teestuben, dem eigenen Stadtstrand und einem blitzenden Hafen; und historisch, mit dem sehenswerten maurischen Hufeisenbogenportal am Eingang zum Marktgebäude und Wohnvierteln, so malerisch wie ein herausgeputztes weißes Dorf: Málaga hat eine unverwechselbare Atmosphäre.

Blick über das Land

Klettern wir zum Gibralfaro, der maurischen Befestigungsanlage hoch über der Hauptstadt.

thedrale von Málaga ▽

△ Sonnig: Stadtrundfahrt mit dem Einspänner

Hier gibt´s Málaga-Wein: Antigua Casa Guardia ▽

△ Marbella: Puerto Banús strotzt vor Luxusautos und -jachten

Weiß getüncht erstrahlt die Moschee von Marbella im Sonnenlicht ▽

△ Nightlife bis zum Morgen bieten die Diskos von Malaga

△ Schön gelegen ist der Golfplatz von Sotogrande, Austragungsort für Turniere

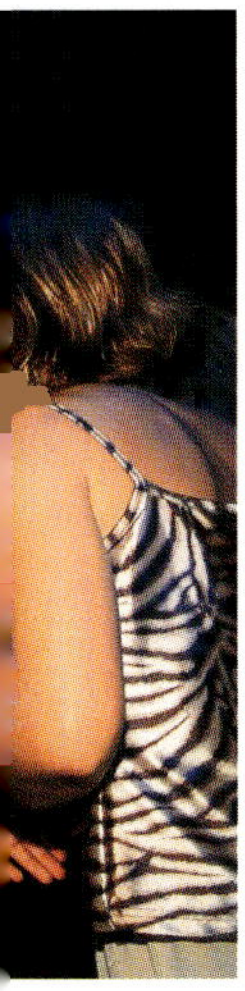

△ Orangenbäume säumen die Plaza de los Naranjos in Marbella

Komfort findet man in den Hotels der Küste ▽

Von hier schweift das Auge weit über die Costa del Sol. In Sichtweite sind auf den felsigen Landspitzen und Kaps die steinernen Wächter, Atalayas, verteilt, die über der Küste thronen und sie bewachen. Auf Karstblöcken aufgebaut, staffeln sich gleich hinter der Küste die gezackten Montes de Málaga in die Höhe. In der Berglandschaft verbergen sich bescheidene, mit Geranien geschmückte Ortschaften, in denen die Zeit zum Stillstand gekommen zu sein scheint. Weiter nördlich liegt die Garganta del Chorro, ein riesenhafter Felsspalt, durch den sich der Fluss Guadalhorce über hundert Meter tief gegraben hat. Die atemberaubende Szenerie entzückt risikofreudige Felsenkletterer und Ausflügler so nah bei der Großstadt. Die Provinz zeigt hier – ganz in der Nähe der oft überfüllten Strände – ihr ursprüngliches Gesicht. Dieses zerklüftete, unwegsame Gebiet bot zu allen Zeiten viele Schlupfwinkel für Schmuggler und Banditen, die in Andalusien seit dem 18. Jahrhundert wie Volkshelden verehrt werden.

Neue Wege des Tourismus

Ausläufer der Sierras, die im Nachmittagslicht wie Drachenrücken schimmern, gliedern die Strände, die die Costa del Sol schon vor 50 Jahren berühmt gemacht haben. Aber nicht alle sind hübsch. Das karge Brot der Fischer muss hier schon längst niemand mehr essen, der nicht will: Die Tourismusindustrie stellt an der Costa del Sol den Löwenanteil der Arbeitsplätze. Die traditionellen Arbeitsbereiche sind dadurch aber zersplittert. Früher einmal waren Küste und Bergdörfer durch Warenhandel miteinander verknüpft, und in den Öfen der Töpfereien brannten statt der gängigen Souvenirs – Aschenbecher mit Granatapfelmotiv – Geschirrwaren für den Alltagsgebrauch der Fischer und Bauern.

Das gesellschaftliche Zusammenspiel hat sich dadurch verändert. Viele Jugendliche haben die Dörfer ihrer Eltern verlassen, weil sie dort kein berufliches Weiterkommen mehr sahen. Der Wunsch, eine bessere Bildung zu genießen, veranlasste sie, in eine größere Stadt zu pendeln und sich nicht mehr für traditionelle

△ 4,8 Kilometer Länge misst der ›Fels des Tarik‹

St. Michael´s Cave dient im Sommer als Konzertsaal ▽

△ Britischer geht´s nicht. Ein Pub-Besuch gehört zum Alltagsleben der Gibraltesen

△ Die Fahrt mit der Kabelbahn gehört zu den bedeutendsten Erlebnissen in Gibraltar

Schön schummrig: ein Pub von innen ▽

Berufe in der Landwirtschaft zu engagieren. Derweil wurden die Dörfer vom Tourismus entdeckt und erhalten Impulse zur Bewahrung ihres architektonischen Erbes durch Besucher, die die schmalen Gassen, schmiedeeisernen Balkone und blendende Weiße der kleinen Häuser als reizvolle Alternative zur Hochhauskultur der Costa del Sol betrachten. Wer hier eine landestypische Pension eröffnet, findet rasch Gäste.

Zwischen Strand und Beton

Torremolinos konzentriert etwa 40 Prozent aller Übernachtungen an der Costa auf sich. Stadtautobahnen schneiden Wohntürme vom Strand ab, einige kleine Tapas-Bars sind zwischen Souvenirgeschäfte geschoben. Im ehemaligen Fischerviertel La Carihuela mit seinem langen Strand trifft man sich am Wochenende zum späten Mittagessen in einem der Fischrestaurants. 30 Kilometer weiter westlich liegt Fuengirola mit einer römischen Festung, die von den Mauren im 10. Jahrhundert ausgebaut wurde. Doch die Festung interessiert meist niemanden; nach Fuengirola kommen Wassersportler wegen der langen, feinsandigen Strände und dem beträchtlichen Wellengang. Surfer, gekleidet in ihre schwarzen Neoprenanzüge, hocken wie die Raben auf ihren Brettern und warten eine günstige Dünung ab, während ihre Fans und Freundinnen am Strand sitzen und ihre Künste bewundern.

Isabella und Marbella

Marbella genießt hingegen königliche Weihen. ›Que mar tan bella‹, welch' schönes Meer, soll Königin Isabella I. ausgerufen haben, als sie diesen Ort erblickte. Ihr recht entfernter Verwandter, Prinz Alfonso von Hohenlohe, hat vier Jahrhunderte später diese Begeisterung aufgegriffen: Von Marbella ausgehend wurde das Pflaster den Reichen und Schönen der Welt bereitet. Der Jetset flog ein, begleitet von recht anrüchiger Halbweltprominenz.

Der Glanz haftet. Marbella besitzt um die Plaza de los Naranjos eine hinreißende Altstadt mit herausgeputzten, blumenüberfluteten Fassaden, eine bemerkenswerte Kathedrale – und wunderschöne Schuhgeschäfte.

△ Im Stierkampfmuseum von Ronda finden sich viele Exponate zum Thema

△ Der maurische Einfluss ist auch in den Bodegas der Stadt nicht zu übersehen

△ Ausflugsziele: die bizarren Felsen von El Torcal bei Antequera ... ... und die liebliche Landschaft bei Ronda ▽

△ Die bekannte Stierkampfarena von Ronda ist die zweitälteste Spaniens

△ Stierkampf live, nichts für Zartbesaitete Torero-Denkmal vor der Arena ▽

Der eindrucksvolle Puente Nuevo verbindet in 150 Metern Höhe über dem Guadalevín die Alt- und Neustadt von Ronda ▽

Britischer Felsen

Erstaunlicherweise pflegt es in Gibraltar kühler und feuchter zu sein als an der Küste, einen lächerlich kurzen Landweg entfernt, so, als hätten die Briten ihren so heftig gegen spanische Besitzansprüche verteidigten Affenfelsen mit ihrem Inselklima überzogen. Als Einkaufsparadies gerühmt, hat ›The Gib‹ allerdings weitaus mehr als preiswertes Parfüm zu bieten. In seinen steilen Gassen findet man marokkanische Teestuben, aus denen das Aroma frischer Pfefferminze dringt, sieht verschleierte Frauen in goldbestickten Pantoffeln, trifft auf übernächtigte Beatniks und erfreut sich an opulenten Blumengärten. Sogar einen Wachwechsel gibt es, ganz britisch: ›Changing of the Guard‹.

Ronda, Stadt auf dem Felsen

Die Schmuggler brachten von der Küste her Tabak und Stoffe bis hinauf nach Ronda über Gaucín, das versteckt zwischen den Klüften der Sierra Hacho liegt. Abenteurer mischten sich unter sie. Der Beruf des Bandoleros, des Banditen, war geboren.

Auf seine Spurensuche geht man am besten in der hoch in der Serranía de Ronda aufgetürmten Stadt Ronda, die ausgesprochen ansehnlich, säuberlich in zwei Hälften geteilt, über einer tiefen Schlucht des Guadalevín thront. Die Stadt, die heute den südlichen Teil ausmacht, war maurisch, als sich 1485 im Zuge der Reconquista auf der anderen Seite des Flusses die katholischen Armeen zusammenscharten, um es zu stürmen. Früher war diese Gegend ebenso malerisch wie unzugänglich. Heute schaukelt man zwischen mohnblumengeschmückten Oliven- und Baumwollfeldern eine neu ausgebaute Straße zu dem salbeigrünen Felsen hinauf, auf dem die Stadt gelegen ist. Einige Relikte aus der maurischen Zeit, sehenswerte Stadtpaläste, die dreibogige, 150 Meter hohe Brücke über der Schlucht des Guadalevín und eine weltberühmte Stierkampfarena machen Ronda für Touristen so begehrt. Nicht erst seit kurzem: Schon Orson Welles und Ernest Hemingway, die Spanien liebten und sich während des Bürgerkrieges für die Republikaner engagierten, besuchten sie oft.

Costa del Sol
SERRANÍA DE RONDA
RESERVA NACIONAL DE SERRANÍA DE RONDA
Hoya de Málaga
Montes de Málaga
Sierra Bermeja
Sierra Palmitera
Sierra Blanca
Sierra Real
Sierra de Mijas
Sierra de Alpujata
Sierra Llana
Sierra de Chimenea
Sierra de Camorolos
Sierra de Alhama
Sierra de las Cabras
Sierra del Valle de Abdalajís
Sierra de las Salinas
Sierra de Líbar
Sierra de Ubrique
Sierra de Zafalgar
Sierra del Tablón
Sierra de Líjar
Sierra de San Juan
Sierra del Borbollón
Sierra Crestellina
Sierra Prieta
Sierra de Arca
MÁLAGA
TORREMOLINOS
FUENGIROLA
MARBELLA
SAN PEDRO de Alcántara
ESTEPONA
RONDA
ANTEQUERA
COLMENAR
ÁLORA
COÍN
ALHAURÍN el Grande
ARDALES
TEBA
CAÑETE la Real
OLVERA
SETENIL
ALGODONALES
ZAHARA
GRAZALEMA
UBRIQUE
GAUCÍN
EL BURGO
Casares
JIMENA de la Frontera
Manilva
SAN ROQUE
LA LÍNEA de la Concepción
ALGECIRAS
GIBRALTAR (GB)
Punta de Europa
Bahía de Algeciras
Melilla (7.30 h)
Ceuta (4.00 h)
Tánger
Benalmádena
Mijas
Cártama
Campillos
Almargen
Pizarra
Casarabonela
Yunquera
Tolox
Alozaina
Monda
Ojén
Istán
Benahavís
Churriana
Casabermeja
Rincón de la Victoria
Torre de Benagalbón
Puerto de Alijar
Puerto de las Pedrizas
Embalse del Chorro
Embalse de Guadalhorce
64
74
108
42
100
35
72
65
38
53
98
17
2002
1
2
3
4

Wo gibt es was?

Fähnchennummer = Textnummer ⓘ = Auskunft

Málaga ①

Für die meisten Urlauber ist die lebhafte und recht elegante Hafenstadt (600 000 Einw.) lediglich Eingangsschneise zur Costa del Sol und bleibt somit touristisch weitgehend unentdeckt. Vom Flughafen reisen die meisten Urlauber unverzüglich weiter, ohne dem begehrten Seebad des 19. Jh. einen Blick zu gönnen.

Geschichte: Die historischen Wurzeln Málagas reichen bis in phönizische Zeit. Im 4. Jh. war es einer der frühen Bischofssitze auf iberischem Boden. Als der straffe Zentralismus der ersten Maurenherrschaften zerfiel, erhielt die Stadt aufgrund ihrer strategisch günstigen Lage den Status eines Teilkönigreiches. 1487 eroberten es die Katholischen Könige.

Sehenswert: Die Kathedrale gilt als eines der eindrucksvollsten Beispiele spanischer Renaissance – obwohl sie nur einen Turm besitzt. 1523 wurde mit dem Bau begonnen. Herausragend im Innern: die Heiligenfiguren des Chorgestühls von Pedro de Mena (1662) und die ›Rosenkranzmadonna‹ von Alonso Cano aus derselben Zeit. Die römische Amphitheateranlage (1. Jh. n. Chr.) grenzt an die maurische Alcazaba. Hier residiert das Archäologische Museum (tägl. 9.30–19.30 Uhr, di geschl.) Die Alcazaba verband ein Wehrgang mit dem Gibralfaro, der Bergfestung, die unter der Herrschaft des Nasridenfürsten Yussuf I. (1333–54) ihre endgültige Form erhielt. Der Panoramablick ist wunderschön. Nebenan lockt die Terrasse des Parador. An einem der beliebtesten Plätze der Stadt, Plaza de la Merced, steht das Geburtshaus von Pablo Picasso Besuchern tägl. 11–14 und 18–21 Uhr offen. Nordwestl. der Einkaufsmeile Marqués de Larios liegt das Viertel Martírios mit ländlichem Charakter und einigen schönen Kirchen. Atempause in der Stadt: Der Paseo del Parque, grün wie ein botanischer Garten mit Palmen und exotischen Gewächsen, direkt am Hafen.

Einkaufen: Boutiquen, Schuh- und Fächergeschäfte auf der Marqués de Larios; altmodische Kurzwaren in der Pasaje Chinitas; Lebensmittelmarkt Ataranzas mit dem arabischen Hufeisentor aus dem 14. Jh.; das einstmals eine Werft schmückte.

Veranstaltungen: Einmalig in der Karwoche: Ein Gefangener wird begnadigt, analog zur Passion Christi. Im August feiert Málaga seine Feria mit einem Reigen an Konzerten, Stierkämpfen und Festen.

Umgebung: Zum Wandern herausfordernd: *Garganta del Chorro* (Felsenschlucht, 40 km nordwestl.) und der Felsengarten von *El Torcal* südl. Antequera. *Antequera* ist bekannt für seine vielen Kirchen (45 km nordwestl.). Dort liegen auch drei prähistorische Dolmengräber (2500 v. Chr.). Für einen Waldbesuch von Málaga aus: Der nordöstl. gelegene Naturpark *Montes de Málaga*. *Mijas*, 35 km westl., war einmal ein typisches weißes Dorf. Heute herrscht hier Touristenrummel.

Die Strände der Costa del Sol sind oft aufgeschüttet. Schön sind *La Carihuela* bei *Torremolinos*, 18 km westl., und die von *Fuengirola*, weitere 30 km westl.

ⓘ Oficina de Turismo, Pasaje de Chinitas 4, E-29015 Málaga, Tel. 952213445, Fax 952229421, www.malagaturismo.com, Infostände auch im Flughafen sowie bei der Hauptpost.

Marbella ②

Charaktervoller als die anderen Badeorte an der Costa del Sol, kombiniert Marbella ein herausgeputztes historisches Zentrum um die Plaza de los Naranjos mit ausgedehnten Stränden und guten Gelegenheiten zum Shopping. Für Luxus sorgen eine Handvoll Nobeldiskotheken, exklusive Hotels an der Playa und der Yachthafen Puerto Banús, wo das Nachtleben tobt.

Sehenswert: Einen geschichtlichen Wendepunkt bezeugt an der mit Orangenbäumchen bepflanzten Plaza de los Naranjos das Cruz de Humilladero: Nach ihrer Niederlage übergaben die Mauren 1485 hier die Stadtschlüssel an die Spanier. Das Rathaus stammt von 1522, der Marmorbrunnen ist reine Renaissance.

Aktivitäten: 38 Golfplätze zwischen *Estepona* (10 km westl.) und Marbella; Tennis, Windsurfing, Segeln.

Umgebung: Einen Ausflug lohnt das rund 30 km westl. auf fast 450 m Höhe gelegene weiße Dorf *Casares*.

ⓘ Oficina de Turismo, Glorieta de la Fontanilla s/n, E-29600 Marbella, Tel. 952771442, Fax 952779457.

Ronda ③

Zu Recht sammelt die 34 000-Einwohner-Stadt Oden auf ihre schöne Lage: Über dem 150 m tiefen Taleinschnitt des Guadalevín, genannt El Tajo, balanciert sie in zwei Hälften auf felsigen Höhen. Brücken, am eindrucksvollsten der Puente Nuevo, überwinden den Abgrund. Die südliche Ciudad korrespondiert mit der maurischen Anlage, der Mercadillo im Norden entstand später.

Sehenswert: Adelspaläste wetteifern mit Kirchen, die eigentlich katholisch umgearbeitete Moscheen sind, wie z. B. die Santa María la Mayor von 1485. Der Fliesenschmuck am Minarett und die Gebetsnische blieben unversehrt erhalten. Groteske Figuren, die aus den ehemaligen Kolonien stammen sollen, schmücken den Balkon des Palacio del Marqués de Salvatierrra aus dem 18. Jh. (Führung obligat., mo–sa 11–14, 16–18 Uhr, so 11–14 Uhr, do geschl.). Das Haus des Maurenkönigs (1085) machen geschnitzte Türrahmen, florales Schnitzwerk als Wandschmuck und bunte Fliesen zur Augenweide. Darin befindet sich der Eingang zur Quelle von Ronda (tägl. 10–20 Uhr). Die Casa de Mondragón, heute Geschichtsmuseum (mo–fr 10–19, so 10–15 Uhr), und die Casa del Gigante (14. Jh.) entspringen ebenfalls maurischer Zeit. Unterhaltsam: Museo de los Bandoleros (tägl. 10 bis 20 Uhr). Unbedingt besuchen: Die Stierkampfarena und das Stierkampfmuseum, denn in Ronda wurden die Regeln für den modernen Stierkampf von den Gebrüdern Romero ersonnen (tägl. 10–20 Uhr).

Umgebung: Sehenswert 27 km südwestl. die Tropfsteinhöhlen von *Jimera de Libar* (Cueva de la Pileta) mit steinzeitlichen Höhlenmalereien und weitere 20 km südwestl. das weiße Dorf *Gaucín* mit seiner Kapelle Santo Niño (18. Jh.).

ⓘ Oficina de Turismo, Plaza de España 1, E-29400 Ronda, Tel. und Fax 952871272, www.ronda.net

Gibraltar ④

Der 7 qkm große Fels ist im Atlas der Antike als eine Säule des Herkules verankert, die das Tor zum Großen Ozean markierte. Die Mauren leiteten ihren Feldzug gegen die Westgoten 711 von Gibraltar aus ein und beherrschten es bis 1462. Seine strategisch bedeutsame Lage wurde mit Befestigungsanlagen geschützt. 1704 eroberten die Briten Gibraltar. Sie herrschen noch immer, trotz aller Anfechtungen von spanischer Seite. Dass der strategisch so wichtige Felsen (30 000 Einw.) mehr ist als ein Einkaufsparadies für zollfreie Waren, erschließt sich rasch: Spuren arabischer und jüdischer Besiedlung setzen sich höchst interessant in einem lebhaften Mix aus nordafrikanischer und britischer Lebensweise fort.

Sehenswert: Für einen Einstieg in die Geschichte lohnt sich der Besuch des Gibraltar Museum, das einer arabischen Badeanlage angeschlossen ist (mo–fr 10–18, sa 10–14 Uhr, Videos). Beim Stadtbummel stößt man auf die Governor's Residence, ein ehemaliges Franziskanerkloster von 1531 mit Wachwechsel (di um 11 Uhr), die Alameda Gardens, wo sich die Talstation der Gondelbahn zum Affenfelsen (sehr lohnend) befindet, und die St. Michael's Cave. Dieses ausgedehnte System von Tropfsteinhöhlen stand lange in dem Ruf, bis nach Afrika zu reichen. Heute dient es aufgrund seiner blendenden Akustik sogar als Konzerthalle. An der Südspitze Gibraltars liegt der Puenta Grande de Europa mit Blick auf Afrika und die Kapelle der Seefahrer-Madonna.

ⓘ Gibraltar Information Center, 18–20 Bomb House Lane (Gibraltar Museum), GB-Gibraltar, Tel. 956774289, www.gibraltar.gi/tourism

Maßstab 1:400.000 0 5 10 15 20km

Die Abenddämmerung hüllt sie in märchenhafte Farben: Den schönsten Blick auf die Kathedrale von Cádiz mit ihrer großen, gelben Kuppel hat man von der südlichen Uferpromenade aus.

Von Cádiz aus durch die weißen Dörfer

Die Stadt Cádiz, so spottet man, sei Havanna mit weniger Schwarzen. Früher war damit beabsichtigt, die südlichste Provinzhauptstadt der Armut und Rückständigkeit zu bezichtigen, heute versteht man diese Worte eher als verlockende Einladung. Und ähneln sich beide Städte nicht ein bisschen? Sicher, die salzige Meeresluft hat Risse in den Putz ehemals herrschaftlicher Fassaden genagt. Die Fischer aber verkaufen einem zwei Dutzend Sardinen für ein paar Münzen.

△ Kleine, mit Lampengirlanden geschmückte Gassen findet man in der Altstadt von Cádiz

△ Die archäologische Abteilung des Museo de Cádiz beherbergt eine Reihe von römischen Skulpturen

Beliebter Badestrand: die Playa de la Caleta in Cádiz ▽

Von der Torre Tavira aus überblickt man die Altstadt von Cádiz bis zum Meer ▽

△ Das der Stadt vorgelagerte Castillo de San Sebastián und der Leuchtturm sind auch bei Sonnenuntergang ein schönes Motiv

△ Frische Fische und Meeresfrüchte kauft man auf dem Markt

Kurios: die Bodega Can Manteca in der Calle Virgen de la Palma ▽

Die gesamte Provinz kennt raue Geschichten. Die der Tunfischfänger beispielsweise, deren Fangmethoden mit Langschleppleinen in den letzten Jahrzehnten in Verruf geraten sind. Aber befragt man sie, dann verstehen die Fischer die Welt nicht mehr, denn solange sie denken können, regelt in den heißen Küstendörfern am Atlantik der Tunfischfang Leben, Kultur, Politik, Familienbindungen, die Zeit des Aufstehens und die Zeit des Einschlafens. Die Jagd ist ein gefährliches Geschäft, auch für die Fischer. Ob das die Fragesteller jemals bedacht hätten? Ein Wirt in Bolonia erzählt dies. Seine Worte lassen ahnen, dass er Hemingway gelesen hat. Während er uns eindrucksvolle Fotos zeigt und sein Plädoyer hält, holt seine Frau die köstliche Brasse auf Tarifeñer Art aus dem Ofen.

Fischer und Wetterdeuter

Wir erfahren, dass die Arbeitsweise auf eingeübten Traditionen beruht. Die Ältesten des Dorfes wissen, wann es Zeit ist, sich auf das Meer zu wagen. Sie beobachten den Himmel und die Natur, um darin wie ihre Vorväter die entsprechenden Zeichen zu entdecken, die auf das Auftauchen der Fischschwärme hindeuten – im Computerzeitalter ein nahezu archaisch anmutendes Verfahren. So hat fast jeder in der Dorfgemeinschaft eine Aufgabe, die den Erfolg des Fanges und damit das Wohlergehen des Dorfes sichert. Frauen nehmen an den Jagden nicht teil, die Lebensläufe von Männern und Frauen sind getrennt. Letztere herrschen über das Haus und die Familie und bleiben allein mit ihrer Angst, wenn ihre Männer auf See sind und tagelang nicht heimkehren.

Europas älteste Stadt

Die Provinz Cádiz, das spürt man schnell, prägt Andalusien. Ihre Hauptstadt wurde als Gadir oder Gaddri von den Phöniziern im 8. vorchristlichen Jahrhundert gegründet und ist somit wahrscheinlich die älteste Stadt Europas. Plinius vermutete hier das versunkene Atlantis, andere mutmaßten, es sei die antike Stadt Tartessos. Die Silber-

△ Beim Feiern geht´s hoch her, ... und Flamenco gehört dazu ▽

Der Karneval von Cádiz ist bekannt dafür, dass Jung und Alt zusammen feiern ▽

△ Karneval: Zehn Tage lang treiben es die Bewohner von Cádiz immer bunter, ...

△ ... und der Phantasie der Feiernden sind keine Grenzen gesetzt

Tortillas de camerones – ein typisches Gericht zum Karneval ▽

minen am Río Tinto wurden schon von den Phöniziern ausgebeutet, das Metall über Cádiz verschifft.

Die Gegend am Scheitelpunkt zwischen Atlantik und Mittelmeer war für den Handelsverkehr bedeutend. Aber auch für kriegerische Invasionen: In Algeciras, heute eine trubelige Hafenstadt mit halb zerfallenen römischen Säulen zwischen Autobahnkreuzen, ging der Nordafrikaner Tariq ibn-Nasyr 711 an Land, um das noch westgotische Andalusien zu erobern. Heute braucht die Fähre zwei Stunden nach Tanger. Dörfer und Städte erzählen mit ihren Namen von der Ära der Maurenkriege. Der Zusatz ›de la Frontera‹, den sie häufig tragen, bezeichnet den sich ständig verändernden Grenzverlauf zwischen moslemischem und christlichem Herrschaftsbereich in acht kriegerischen Jahrhunderten.

Herzstück des Flamenco

Jerez de la Frontera mag vielleicht nicht die Perle Andalusiens sein, dafür sind seine Straßen zu staubig und das Klima oft drückend, aber in ihm schlägt das Herz Andalusiens, des Flamenco. Die Zigeuner, hat uns der Wirt in Bolonia noch erzählt, feiern hier und nicht etwa in Sevilla ihre Bulerías, ihre Musikwettbewerbe. Sie, die zum Teil ihr ungebundenes Nomadenleben in Winkeln führen, die das moderne Leben noch nicht ausgeleuchtet hat, und zu diesem Fest von überallher kommen, stellen klar, dass der Flamenco ihre ureigene Ausdrucksform darstellt. Das kann spielerisch und tiefernst sein, frivol, herausfordernd, düster, wütend, verletzend, verletzt, aber niemals verwässert. Höchstens modernisiert.

Im noblen Pemartínpalast aus dem 18. Jahrhundert führt eine Freitreppe hinauf zum Olymp der Flamencofans: der Phonothek des Flamencozentrums, einer in Andalusien einzigartigen Einrichtung. Über 17000 Titel hat das Instituto Andaluz de Flamenco gesammelt, dazu jede Menge Druckerzeugnisse zum selben Thema. Wie der Flamenco richtig getanzt wird, zeigt eine Videovorführung allstündlich. Damit der Besucher nie wieder Flamenco mit einer Sevillana, dem Gruppentanz, verwechselt ...

△ Wer etwas auf sich hält, kommt zur Feria de Caballo in Cádiz hoch zu Ross ...

△ ... und bleibt selbstverständlich auch im Festkleid stets erreichbar

Sherry kostet man am besten dort, woher er kommt: in Jerez ▽

△ Nicht nur der Mensch putzt sich heraus, ...

... auch die Tiere erscheinen schön wie nie: Vorführung der Real Escuela Andaluza de Arte Ecuestre in Arcos ▽

△ Die Lagerhalle des Sherry-Barons Domecq imitiert die Mezquita

Wirken lammfromm: Stiere für die Zucht ▽

Die Quellen des Flamenco sind so zahlreich wie die Theorien über die Herkunft ihrer Vertreter. Indien und die Länder des Vorderen Orient haben diese Musik geformt, beim Gang durch die Geschichte wurde sie durch jüdische und maurische Einflüsse bereichert: Zunächst existierte der Flamenco lediglich als Gesang, erst später kam der Tanz dazu. Vermutlich wäre er in den Nischen und Winkeln Andalusiens verborgen geblieben, wenn er nicht Mitte des 19. Jahrhunderts in den Cafés Cantante, den populären Konzertcafés, gespielt worden wäre und große Erfolge errang.

Später dann beschäftigte er die künstlerische Elite Spaniens. 1922 richteten Federico García Lorca und der in Cádiz geborene Komponist Manuel de Falla das erste ›Festival de Cante Jondo‹, des gesungenen Flamenco, aus. Doch ausgerechnet die Franco-Diktatur absorbierte ihn unter dem Schlagwort ›Somos diferentes‹ (Wir sind anders). Flamenco als spanisches Lokalkolorit, etwa so handlich wie die italienische Chianti-Korbflasche: Kein Wunder, dass sich echte Flamencoliebhaber abwendeten.

Stierkampf, Sherry, Pferde...

... so heißt in der Provinz und in Jerez de la Frontera die adlige Dreifaltigkeit. Nicht nur, dass ein Spross der Domecq-Dynastie, die ihr Geld mit Sherry verdient, in der Stierkampfarena von Sevilla bravouröse Rejoneos abliefert, Stierkämpfe hoch zu Pferd, die eine meisterliche Körperbeherrschung und ein tiefes Verständnis für das Pferd voraussetzen. Die Sherrybarone sind gleichzeitig Stierzüchter, und sie lieben Pferde. Für diese Liebhabereien haben sie das nötige Kleingeld. Zunächst verwundert es, dass die bedeutendsten Sherryfabrikanten englische Nachnamen tragen. Aber die Engländer liebten den kräftigen Wein, seit Lord Wimbledon 1635 zu seiner Attacke gegen Cádiz blies. Dass er scheiterte, minderte die britische Zuneigung keineswegs. Die Liste der englischen, irischen oder schottischen Investoren ist alt und lang: Fitz-Gerald 1682, Gordon 1754 (später Gonzalez-Byass), Garvey 1756, Duff & Gordon 1768 (später Osborne),

△ Die Strände von Tarifa sind aufgrund der steten, frischen Brise ein Windsurferparadies

△ Im Café Central in der Calle Sancho IV. trifft sich am Abend die Jugend von Tarifa

△ Vor Tarifa fiel schon so mancher Ehrgeiz ins Wasser

△ Außer vom Tourismus lebt man an dieser Küste ... ... noch immer vom Fischfang ▽

Über die Dächer von Tarifa hinaus erblickt man die afrikanische Küste ▽

Williams & Humbert 1877 und Sandeman zwei Jahre später. Die Domecq-Dynastie, die sich 1730 etablierte, stammt aus Frankreich.

Den Jerez, der in den duftenden Bodegas der Stadt ausgeschenkt wird, gibt es – grob unterschieden – als feinen, klaren Fino, als gelben Manzanillo, als kräftigen Oloroso und als süßen Cream. Jerez, der Rebstock, den die Römer ›xere‹ nannten, wächst nur in der Gegend zwischen den Städten Sanlúcar de Barrameda, El Puerto de Santa María und Jerez. Hier sind die Böden kalkhaltig und extremen Klimaunterschieden ausgesetzt. Im Winter regnet es stark, im Sommer trocknet die Sonne den Boden aus. Die auf den Weingütern beschäftigten Arbeiter klopfen die feuchte Frühlingserde um die Stöcke fest, so dass die Feuchtigkeit lange im Boden bleibt.

Tänzelnde Pferde

Bliebe noch die Entdeckung der Walzer tanzenden Pferde in der ›Real Escuela de Arte Ecuestre‹. Was einem Dressurfan das Herz höher schlagen lässt, finden andere Zeitgenossen vielleicht etwas affig, aber die feingliedrigen, feurigen, agilen Andalusier zählen mit Sicherheit zu den schönsten und begehrtesten Pferden der Welt. Kartäusermönche haben sie vor langer Zeit gezüchtet, und heute kann man sie in dem von der Familie Domecq gesponsorten ›Recreo de las Cadenas‹ besuchen und bewundern. Der Rahmen ist nobel, von wunderschönen Gärten gerahmt, wie es sich eben gehört für so viel Noblesse.

Weiße Dörfer in den Bergen

In den malerischen Gebirgszügen östlich von Cádiz, verbergen sich wie Nester die gerühmten weißen Dörfer. Ihre Lage spricht Bände: Man misstraute dem Meer und fürchtete die Bedrohung, die von ihm ausging. In Setenil de las Bodegas wurden Wohnungen sogar in die Felsen gehauen – eine billige Bauweise, die aber auch der Not geschuldet ist, die viele Bewohner durchlitten. Heute ist das Dorf eine Sehenswürdigkeit und zweigeteilt: Die ehemaligen Felsenwohnungen dienen als Speicher, und ein paar Kneipen sind dort eingezogen.

△ Vom Parador aus bietet sich ein weiter Blick über Arcos de la Frontera und das umliegende Land

Geranien lassen das Weiß noch heller erstrahlen ▽

△ Weiß getüncht sind auch die Häuser in Grazalema, das guter Ausgangspunkt ...

... für Ausflüge in eine der Sierras der Umgebung ist ▽

△ Eng schmiegen sich die Häuser in Zahara de la Sierra an den Felsen; das Bergdorf ist Nationaldenkmal

△ Die Plaza España in Grazalema

In der Sierra de Grazalema wächst die außergewöhnliche Pinsapotanne ▽

Um einen gezackten Gebirgskamm gewunden, besticht das bäuerliche, blitzend weiße Zahara de la Sierra durch seine Lage, und Arcos de la Frontera – schiffsgleich über der Schlucht des Guadalete thronend – lockt mit einem kostbaren Altstadtkern, sehenswerten Kirchen und Stadtpalästen. Beide haben tief reichende Wurzeln. In Zahara belegt dies ein maurischer Wachturm aus dem 10. Jahrhundert, in Arcos wurden römische und westgotische Besiedlungsspuren nachgewiesen. In maurischer Zeit war es Sitz einer Taifa, eines Teilkönigreiches.

Verstreut wie Konfetti liegen noch viele weitere Pueblos Blancos in der Provinz: Grazalema, Olvera, Vejer de la Frontera, alle mit eng umeinandergescharten Häusern. Ihre Schönheit ist allerdings nicht bloß Dekor, sondern die praktische Lösung eines Hygieneproblems: Die dicke, weiße Kalkschicht der Mauern desinfiziert und weist Ungeziefer ab. Sie muss oft erneuert werden: Alljährlich um die Osterzeit kann man die Andalusier beim Anrühren der bläulichen Kalkmasse beobachten, die erst beim Trocknen an der Sonne die weiße Farbe annimmt. Dass die weißen Häuser zusammen mit den schwarzen schmiedeeisernen Fenstergittern und den glühend roten Geranien, die in Terrakottatöpfen die schmalen Balkone zieren, wundervoll aussehen, ist für deren Bewohner eher erfreuliche Nebensache.

Arme und Reiche

Auch dies ist leider typisch andalusisch: Andalusien war nach abgeschlossener katholischer Wiedereroberung unter den siegreichen Familien aufgeteilt worden. Diese bauten herrschaftliche Landsitze und attraktive Städtchen wie zum Beispiel die Herzöge Medina Sidonia den gleichnamigen Ort. Das Land aber nutzten sie mit der feudalen Geste des Señorito, des Großgrundbesitzers, lediglich als Jagdrevier oder überließen die Weiden den Stierzüchterfamilien. Auf dem übrigen Land wurden Baumwolle, Sonnenblumen und Oliven angepflanzt wie in Algodonales in der Nähe des stolzen Arcos de la Frontera. Wild blühende Malven und Klatschmohn zieren heute noch die Äcker.

Sierra de las Harinas
Pruna
Olvera
Castillo árabe
Loma de la Cordillera
Torre-Alháquime
Sierra de Líjar
Algodonales
Alcalá del Valle
Sierra
Setenil
El Gastor
Zahara
Montecorto
Sierra de las Salinas
Grazalema
Ronda
Arriate
Montejaque
Cueva del Hundidero
Ronda la Vieja Ruinas de Acinipo (Teatro romano)
Vetaherrado
Las Cabezas de San Juan
Lebrija
Sacramento
Guadalema de los Quinteros
Pantano de la Torre del Águila
Embalse Torre del Águila
Montellano
Coripe
Sierra de la Nava
Villamartín
Sierra de Gibalbín
Espera
Bornos
Embalse de Bornos
Prado del Rey
Sierra de Santa Lucía
Sierra de Zafalgar
Algodonales
Arcos de la Frontera
Parador Nacional Casa del Corregidor
El Santiscal
Jerez de la Frontera
Ruta de los Pueblos Blancos
Autopista del Sur
Ruta del Vino
El Bosque
Benamahoma
Ubrique
Sierra de Ubrique
Embalse de Guadalcacín
Algar
El Puerto de Santa María
Bahía de Cádiz
Cádiz
Puerto Real
Sierra de la Sal
Sierra de las Cabras
Sierra del Aljibe
San José del Valle
Paterna de Rivera
Ruta del Romancero
Medina Sidonia
Alcalá de los Gazules
Reserva Nacional Cortes de la Frontera
Cerro del Tajo
Jimena de la Frontera
San Fernando
Chiclana de la Frontera
Sancti Petri
Conil de la Frontera
Playa de la Barrosa
Lomas del Padrón
Benalup de Sidonia
Cueva del Tajo de las Figuras
Sierra Blanquilla
Sierra de Montecoche
Castellar de la Frontera
San Roque
Vejer de la Frontera
Barbate
Cabo de Trafalgar
Ensenada de Barbate
Ruta de los Mares
Sierra de Retín
Sierra del Niño
Sierra Sequilla
Los Barrios
Algeciras
Bahía de Algeciras
Facinas
Sierra de Fates
Sierra de Ojén
Sierra de Bujeo
Sierra del Cabrito
Tarifa
Punta Marroquí o de Tarifa
Ruinas Romanas de Bælo
Punta Camarinal
Punta Paloma
Costa de la Luz
Estrecho de Gibraltar
Tánger

Wo gibt es was?

Fähnchennummer = Textnummer ⓘ = Auskunft

Cádiz ①

›Silbertässchen‹ wird die älteste Stadtgründung Andalusiens liebevoll genannt. Schon in der Antike war Cádiz (158 000 Einw.) Handelsknotenpunkt für die Mittelmeer-Atlantik-Routen. Der Herkulestempel stand noch, als die Almoraviden Cádiz 1146 besetzten. Die Spanier machten die häufig von britischen Piraten heimgesuchte Stadt zu ihrem Tor zur Welt, als sie die Casa de la Contratación 1717 zur Regulierung des Handels mit den Kolonien nach Cádiz verlegten. 1812 stand hier die Wiege der ersten Verfassung Spaniens. Die Weltoffenheit zeigt sich auch im traditionsreichen Karneval, der viel politische Munition liefert.

Sehenswert: Die Altstadt ragt wie ein fünfeckiges Prisma ins Meer. Ein Blickfänger ist die Kathedrale (1720–1835) mit einem Museum (di–sa 10.30–13 Uhr) voller silberner Sakralgegenstände und dem Grab des andalusischen Komponisten Manuel de Falla (1876–1946). Das attraktiv gestaltete Museo de Cádiz an der anmutigen Plaza de Mina enthält eine exzellente Bildersammlung andalusischer Maler und beeindruckende Fundstücke zur Archäologie (di 14.30–20 Uhr, mi–sa 9–20 Uhr, so 9.30–14.30 Uhr). Baumbestandene Uferpromenaden säumen die Altstadt; Einkaufsstraßen von halb verblasster Eleganz, die Calles Francisco Carranza und Virgen de la Palma sind unverwechselbar. Für einen Blick über die Stadt bietet sich der Torre Tavira an, Teil eines Palastes aus dem 18. Jh., mit Wanderausstellungen und Camera-Obscura-Vorführung (tägl. Mitte Juni–Mitte Sept. 10–20, sonst 10–18 Uhr).

Aktivitäten: Stadtstrände; Playa de la Caleta; in der Neustadt: Playa de la Victoria.

Veranstaltungen: Febr./März: Karneval; Mai/Juni: Musikfestival Manuel de Falla; Okt.: Festival Iberoamericano de Teatro.

Umgebung: *El Puerto de Santa María* (9 km nördl.) hat ausgedehnte Sandstrände, urige Fischlokale und ein maurisches Kastell. Das ehemalige Fischerdorf *Conil de la Frontera* (40 km südöstl.) mit seinem winzigen Dorfkern, üppigen Sandstränden und netten Fischrestaurants ist vor allem bei Sprachschülern beliebt. Das verwinkelte *Vejer de la Frontera* 10 km weiter thront auf einem Fels. Besonders typisch: die ehemalige Judería. Der dortige Franziskanerkonvent wurde zum originellen Hotel umgebaut. *Medina Sidonia,* nördl., war eines der reichsten Herzogtümer Spaniens.

ⓘ Oficina de Turismo, Calderón de la Barca 1, E-11003 Cádiz, Tel. 956211313, Fax 956228471, www.cadiz-es.com (auf Spanisch).

Jerez de la Frontera ②

Jerez verbindet man mit den drei andalusischen Besonderheiten Sherry, Pferdezucht und Flamenco. Den Wein haben schon die Mauren angebaut; doch Jerez (200 000 Einw.) ist wesentlich älter: Es war bereits den Phöniziern und Römern bekannt. Sein heutiges Stadtbild ist von einer fast schon alltäglichen Schönheit; Blicke heischt die Lage der wuchtigen Alcazaba aus dem 11. Jh.

Sehenswert: Die bekanntesten Bodegas für die Jerez-Verkostung sind González y Byass, Manuel María González 12, Tel. 956357000 und Bodegas Domecq, Ildefonso 3, Tel. 95615150 (Anmeldung empfohlen). Pferdeliebhaber pilgern zur ›Real Escuela Andaluza de Arte Ecuestre‹ an der Avenida Duque de Abrantes, um eine Aufführung der tanzenden Pferde zu sehen (do, 12 Uhr, mo, di, mi und fr nur Besichtigung). Im Palacio Pemartín (18. Jh.) residiert die Fundación Andaluza de Flamenco mit der umfangreichsten Flamencobibliothek (www.caf.cica.es, mo–fr 9–14 Uhr). Außerdem sehenswert: die Colegiata de San Salvador (18. Jh.), das alte Rathaus von 1575 mit Renaissancefassade und die Festungskirche San Juan de los Caballeros.

Feste: 2. Maiwoche: Feria del Caballo; Sept.: Flamencofestival und Weinlesefest

ⓘ Oficina Municipal de Turismo, Larga 39, E-11402 Jerez de la Frontera, Tel. 956331150, Fax 956331731.

Die weißen Dörfer ③–⑦

Die ins Karstgebirge gebetteten Dörfchen provozieren Vergleiche: Wie frisch gefallener Schnee sähen sie aus. Eine touristische Route verbindet die weißen Dörfer, von denen hier eine Auswahl vorgestellt wird.

Sein Bestand an restaurierten Palästen aus dem 15. und 16. Jh. erhebt das 26 000-Einwohner-Städtchen **Arcos de la Frontera** ③ aus dem Kreis der Pueblos Blancos. Über der Schlucht des Guadalete liegt die Altstadt wie ein Schiff auf einem Felsen, zu der man über die Cuesta de Belén heraufklettern muss. Am Eingang zur Altstadt der Palast des Conde de Aguila (15. Jh., privat) im gotischen Stil. Um die Plaza de Cabildo (leider jetzt ein Parkplatz) reihen sich das imposante Castillo, das einst die Katholischen Könige als Schloss bewohnten, die Kopie des Prachtwohnsitzes eines Landvogts aus dem 16. Jh. (heute Parador), und die Kirche Santa María de la Asunción (16.–18. Jh.) mit ihrer im plataresken Stil dekorierten Fassade. Exquisit in ihrem Innern: das barocke Chorgestühl von Pedro Roldán und ein Marienbildnis von Alonso Cano. Der Glockenturm von San Pedro (14. Jh.) prägt von weitem schon die Silhouette der Altstadt; er birgt zwei Mumien aus römischer Zeit. Beim Schlendern stößt man auf den Convento de la Encarnación (1529) mit einer im spätgotischen Stil geschmückten Fassade und auf die gotische Capilla de la Misericordia (14. Jh.).

Als hätte die Zeit innegehalten, so wirkt **Grazalema** ④, idealer Standort für Wanderungen in den Parque Natural Sierra de Grazalema: Kalkboden und hohes Niederschlagsniveau bestimmen die Landschaft des Naturparks: Steilwände, Hänge und Grotten, Seen sowie Korkeichen- und Pinsapowälder (Pinsapo ist eine aus dem Tertiär stammende Tannenart) verleihen ihm sein außergewöhnliches Aussehen. Zugang auch in El Bosque, 17 km westl.

Setenil de las Bodegas ⑤ ist nicht nur wegen seiner schönen Lage einen Stopp wert, sondern auch, um die für Andalusien einzigartigen Wohnungen anzuschauen, die unter Felsabhängen gebaut wurden. Die katholische Kirche und die maurische Alcazaba thronen förmlich über dem weißen Ortskern von **Olvera** ⑥, das von einem Meer aus Olivenbäumen umgeben ist. Das ruhigere **Jimena de la Frontera** ⑦ weiter südlich gilt zwar offiziell nicht als weißes Dorf, die Lage und Struktur sind dafür aber charakteristisch.

Tarifa ⑧

Tarifa, südlichster Ort Europas, lockt mit kilometerlangen Stränden in der Umgebung und einer relativ konstanten Windstärke viele Windsurfer an.

Sehenswert: Die 960 fertig gestellte, wuchtige Alcazaba bewachte einst die Eingangspforte Spaniens. Zum Greifen nah wirkt Afrika vom benachbarten Mirador aus: Von hier kann bei gutem Wetter die gegenüberliegende Küste kilometerweit überblicken. Die Plaza Santa María mit gefliestem Froschbrunnen und die Plazuela del Viento geleiten zum Kern von Tarifa mit einem Kulturzentrum im ehemaligen Gefängnis aus dem 18. Jh., der Kirche San Mateo (16. Jh.), dessen Glockenturm früher ein Minarett war, und zu dem alten Stadttor Puerta de Jerez.

Umgebung: Ein Abstecher nach Tanger lässt sich von der Hafenstadt *Algeciras*, 20 km östl., aus unternehmen. Hier errichtete der Berber Tariq 711 sein Nachschublager für die Eroberung von Al-Andalus. Die römische Stadt Carteya liegt halb ausgegraben zwischen Verkehrskreiseln. Zwei Zentren hat Algeciras: Die Plaza de la Palma mit Markt in Hafennähe, und die weite Plaza Mayor mit vielen Tapaskneipen. Im eleganten Hotel Reina Cristina wurde Marokko 1907 von den Kolonialmächten aufgeteilt. Im Vestibül hängen historische Fotos zu diesem Thema. Das ca. 35 km nördlich von Algeciras gelegene Künstler- und Hippiedorf *Castellar de la Frontera* konnte sich sein mittelalterliches Gepräge erhalten und ist für sein Flamencofestival im Aug. bekannt.

Die bunt geschmückten Karossen begleitend, ziehen Hundertausende von Pilgern alljährlich auf schmalen Wegen durch den Nationalpark Coto de Doñana nach El Rocío.

Im Nationalpark Coto de Doñana

Vermutlich ist die alljährliche Wallfahrt nach El Rocío im Sumpfgebiet des Guadalquivir so etwas Ähnliches wie der Karneval in Rio: ein Rausch, ein wunderbares, unvergessliches Fest mit herrlichen Kostümen, Tänzen, Liedern und Weinen. Ein Fest, an dem sich Menschen spontan näher kommen. Sonst herrscht Stille im bedeutendsten Vogelschutzgebiet Europas.

△ Zur Pfingstwallfahrt: geschmückte Karossen ...

... und schöne Frauen ▽

△ Bildnis der edlen Virgen del Rocío, der Madonna des Morgentaus

△ Auf dem Rücken der Pferde liegt bekanntlich alles Glück – auch für die Pilger nach El Rocío

△ Ausgelassener als in El Rocío ...

△ ... kann es fast gar nicht mehr zugehen

Die bunte Prozession führt durch den Coto de Doñana ▽

Pfingsten versetzt sie ganz Andalusien in Aufruhr, denn das Wochenende ist ihr gewidmet – der Virgen del Rocío aus den Sümpfen des Guadalquivir. Schon Tage vorher sind Straßen und Autobahnen voll bunt bemalter Karossen mit Pilgern, die Damen in Flamencokleidern, die Männer im Bolerojäckchen und mit dem flachen cordobeser Hut. Auf Betttüchern, die vor die Planwagen gespannt sind, prangt das Abbild der Jungfrau, verziert mit dem Namenszug der Bruderschaft oder der gläubigen Fangemeinde. An den mitgebrachten Marienschreinen schleppen die Träger schwer, über Stock und Stein, im Regen oder im Staub.

Verehrung der Jungfrau

Die Virgen del Rocío ist ein Symbol für die tiefe Gläubigkeit der Spanier und die überschwängliche und gar nicht vergeistigte Verehrung der Jungfrau Maria. Ihre erste Erscheinung im Schwemmland des Guadalquivir ist übrigens auch ganz von dieser Welt: Als die Mauren Andalusien beherrschten, verbargen viele Christen aus Furcht vor Glaubensverfolgung ihre Marienstatuetten – nicht alle maurischen Machthaber waren tolerant. Anfang des 15. Jahrhunderts erschien zur Zeit des Morgentaus (= Rocío) einem Jäger eine Madonna in einem hohlen Baumstamm – was wohl nichts anderes besagt, als dass er sie dort fand. Dann ernannte die Ortschaft Almonte sie am 29. Juni 1653 zur Schutzpatronin, weil sie angeblich deren Einwohner von der Pest erlöst hat – ihre Verehrung als Wundertätige begann. Besonders viele Bruderschaften wurden in den ersten Jahren des Spanischen Bürgerkriegs zwischen 1933 und 1935 gegründet. Mittlerweile gibt es 97 in ganz Spanien und eine sogar in Brüssel.
Wer sich heute auf die Wallfahrt zur Madonna begibt, kann ganz verschiedene Gründe haben: Die einen wollen ihr für eine persönliche Wundertat danken, die anderen wollen hauptsächlich feiern, und die meisten wollen eben beides. Leere Wein- und Bierdosen, von den Pilgern fortgeworfen, weisen den Weg nach El Rocío. Ist man dann auf dem Festgelände eingetroffen, geht das Feiern

△ Im Coto de Doñana kann man auf Spurensuche gehen ... ... und Vögel beobachten ▽

△ Wo Zugvögel Station machen, sind auch Vogelbeobachter nicht weit

△ Durch den geschützten Teil gelangt man nur mit geführten Touren

△ Grünes Weideland wird bei Überschwemmungen ... ... zu Marschland ▽

El Rocío mit seiner Wallfahrtskirche ist außerhalb der Pfingstzeit ein ruhiges Fleckchen ▽

und Tanzen erst richtig los, zwei Nächte hindurch, bis am Pfingstmontag im Morgengrauen die Jungfrau erscheint, d. h. aus der Kirche gebracht wird. Aber das Schönste an diesem Fest, darin sind sich die Pilger einig, deren Anzahl alljährlich auf eine Million geschätzt wird, ist ›hacer el camino‹, sich auf den Weg zu machen – und das nach Möglichkeit hoch zu Ross.

Von Korkeichen und Reihern

Die Freunde des 76 000 Hektar großen Nationalparks Coto de Doñana haben weniger Grund zum Feiern. Dieses riesige Schwemmgebiet des Guadalquivir-Deltas ist bedroht. Hotelgesellschaften wollen aus der Schönheit der unberührten Strände Kapital schlagen, während Industrieabfälle, die in den Guadalquivir geleitet wurden, langsam das Gelände verseuchen. Der Coto de Doñana ist auf Grund seiner einzigartigen Vereinigung von ökologischen Systemen das größte Vogelschutzgebiet Europas. Dafür, dass es so bleibt, setzen sich die Naturschützer ein.
Ein geläufiger Anblick im Park sind die typischen Korkeichen, in deren weit schwingenden Kronen noch Trauben von Kuh- und Seidenreihern flattern. Kein Wunder, dass man die Bäume Pajareras, Vogelbauern, nennt. Wanderdünen, Marschland, Lagunen und Buschwald aus Zwergpinien, Wacholderbüschen und Zistrosen bilden die Lebensgrundlage für eine unvergleichbare Vielfalt von Wasser- und Greifvögeln – unter ihnen der sehr seltene Kaiseradler –, aber auch für Rotwild, Pardelluchse und Wildschweine.
Der Coto gehörte einst dem Meer. Sedimente des Guadalquivir und durch den starken Atlantikwind angetriebene Sanddünen haben in Jahrtausenden eine Lagunenlandschaft gebildet, die im Winter durch Regen genährt, im Sommer durch die Sonneneinstrahlung getrocknet wird. Die Sandberge sind so fotogen, dass sie sogar cineastischen Ruhm genießen: ›Lawrence von Arabien‹ ist zum Teil hier gedreht worden.

Kolumbisches Erbe

Aber auch Historisches verbindet man mit dem Fluss. Im Morgengrauen des 3. August 1492

△ Am Wochenende trifft man sich in Sanlúcar de Barrameda in den Bars der Altstadt

△ Hübsche Mitbringsel aus der Provinz: Flamencoschuhe sowie leckerer Schinken und hausgemachte Wurst ▽

Lepe: Viele Frauen tragen mit dem Erdbeerpflücken zum Lebensunterhalt bei ▽

△ Monumentales Kolumbusdenkmal beim Kloster La Rábida

Niebla mit seiner gut erhaltenen Stadtmauer ▽

wurde an seinem Ufer bei der Stadt Palos de la Frontera eine letzte Messe abgehalten für die Besatzung einer kleinen Flotille, bestehend aus drei Karavellen, deren Schicksal so unvorhersehbar war wie der Tod: Kolumbus segelte nach Indien, zusammen mit Seeleuten, die dazu gezwungen worden waren, um dem katholischen Königspaar Isabella und Ferdinand einen Weg zu den asiatischen Gewürzinseln zu bahnen, der nicht durch das von Seeräubern heimgesuchte Mittelmeer und über die portugiesischen Handelswege führte. Er landete jedoch in Amerika und beeinflusste damit nicht unerheblich die Weltgeschichte. Beim Kloster La Rábida, wo er mit seinem Sohn Diego ein halbes Jahr vor der Abreise Aufnahme fand, steht sein Denkmal. Die Franziskanermönche im Kloster zeigen ein Kreuz, das aus einem einzigen Kastanienstamm geschnitzt wurde, und Kästchen mit Erde aus den damaligen Kolonien, welche die spanischen Konquistadoren ihrer Krone erkämpft hatten.

Arme Provinz

Angesichts der Bedeutung dieser Seereise für das Weltgefüge fällt Kolumbus' Wertschätzung doch recht krass ab gegen jene Inbrunst, die der kleinen Heiligen Jungfrau vom Morgentau entgegengebracht wird. Vielleicht liegt es daran, dass man in der Provinz Huelva wahrlich anderes zu tun hat, als Señor Colón zu huldigen, und bei all den Sorgen lieber auf den Beistand der kleinen Madonna hofft: Die Provinz gilt als eine der ärmsten des Landes.

Die Frauen leben vom Pflücken der Erdbeeren, die auf ausgedehnten Feldern um Palos, Lepe und Isla Cristina wachsen, die Männer von der Arbeit in den Zink-, Blei-, Kupfer- und Silberminen um die Flüsse Tinto und Odiel. Als im April 1998 ein Damm des Guadiamar brach, hinter dem Giftschlamm, der im Bergbau angefallen war, höchst unsachgemäß gelagert wurde, waren 46000 Anwohner von der Umweltkatastrophe betroffen, ihre Felder verwüstet, ihre Arbeitsplätze vernichtet. Die Jungfrau von Rocío hatte in diesem Jahr sicherlich alle Hände voll zu tun.

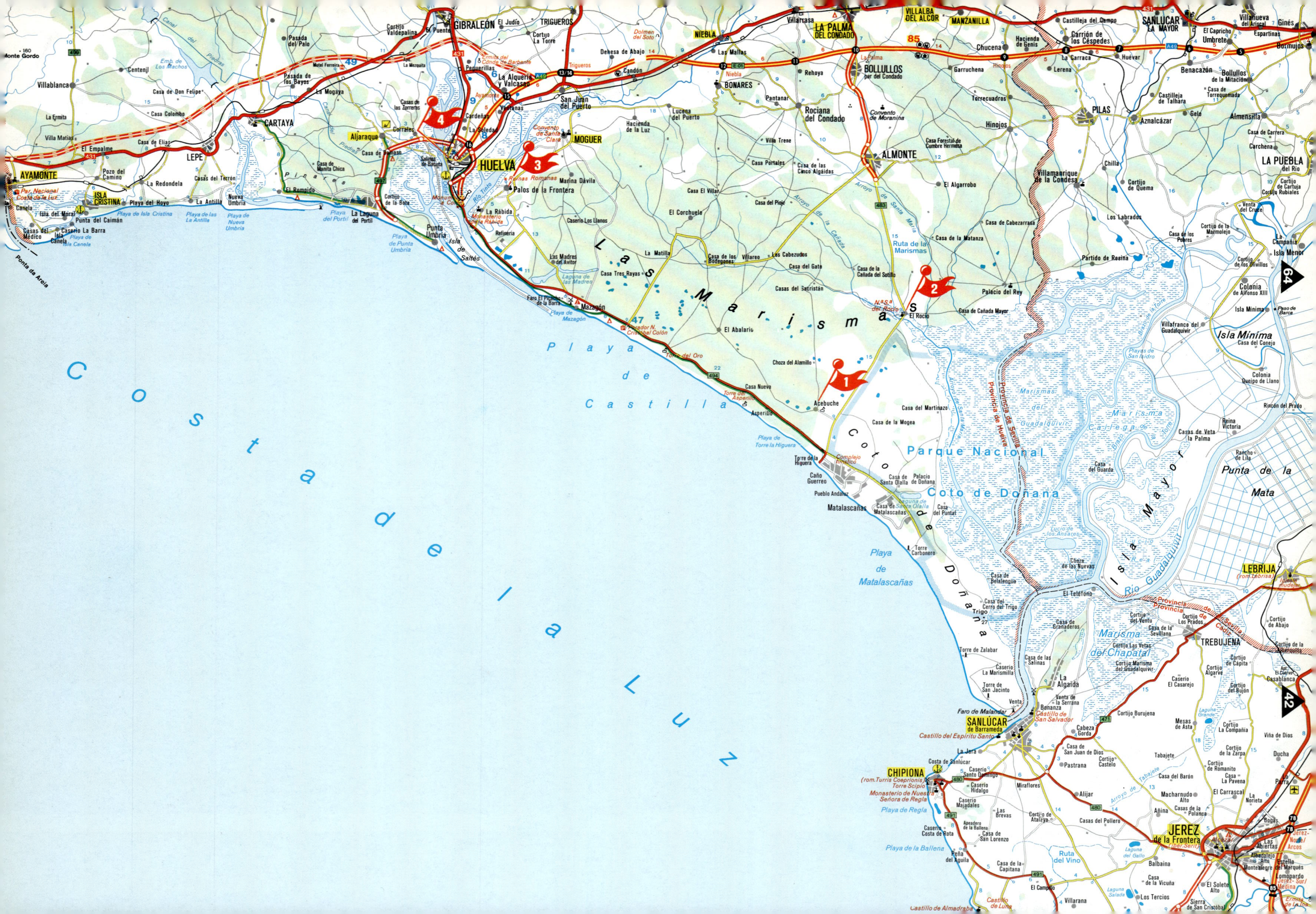

Costa de la Luz
Las Marismas
Parque Nacional
Coto de Doñana
Isla Mayor
Isla Mínima
Punta de la Mata
Playa de Castilla
Playa de Matalascañas
Marismas del Guadalquivir
Marisma de Chapatal
Provincia de Sevilla
Provincia de Huelva
Provincia de Cádiz
Río Guadalquivir
Ruta de las Marismas
Ruta del Vino
AYAMONTE
ISLA CRISTINA
LEPE
CARTAYA
GIBRALEÓN
TRIGUEROS
HUELVA
MOGUER
Palos de la Frontera
Aljaraque
Punta Umbría
Mazagón
Matalascañas
El Rocío
ALMONTE
BOLLULLOS par del Condado
LA PALMA DEL CONDADO
VILLALBA DEL ALCOR
MANZANILLA
NIEBLA
BONARES
Rociana del Condado
Hinojos
PILAS
Villamanrique de la Condesa
SANLÚCAR LA MAYOR
LA PUEBLA del Río
LEBRIJA
TREBUJENA
SANLÚCAR de Barrameda
CHIPIONA
JEREZ de la Frontera
Ponta da Areia
Monte Gordo
Villablanca
El Rompido
Villafranco del Guadalquivir
Colonia de Alfonso XIII
64
42
1
2
3
4

Wo gibt es was?

Fähnchennummer = Textnummer ⓘ = Auskunft

Coto de Doñana ①

Der bekannteste und größte Nationalpark Spaniens ist gleichzeitig der am meisten bedrohte. Der Coto de Doñana ist ein Produkt der Versandung des Guadalquivir. Das Meer, das den früheren Binnensee überflutete, zog sich zurück, die böigen Atlantikwinde schoben den Sand zu Wanderdünen zusammen.

Das Schwemmland des Guadalquivir bildet ein tief in das Küstenhinterland hineingezogenes, 76 000 ha großes Dreieck, das man durch mehrere Eingänge erreicht. Interessanter und lohnender als von Sevilla aus sind die Besuche, die von den Zentren in *El Acebuche* oder auch von *Sanlúcar de Barrameda* aus organisiert werden. Die dort erreichbaren Gebiete umfassen das Zusammenspiel von Marschland (marismas), Pinienwäldern, Salzmarschen, Sümpfen und Lagunen, die zum größten Vogelschutzgebiet avanciert sind: Millionen von Zugvögeln überwintern hier, man hat 275 Vogelarten gezählt.

Während der regenreichen Winterperiode von Nov. bis März sind die Vögel am besten zu beobachten, allerdings gleichen dann weite Teile einem See. Im Frühling bis in den Sommer hinein ist die Landschaft am abwechslungsreichsten. Zu Pfingsten sind viele Unterkünfte im nahen Ferienort *Matascalañas* lange im Voraus ausgebucht.

Sehenswert/Aktivitäten: Geführte Wanderungen/Jeeptouren durch den Park selbst nur mit vorheriger Anmeldung; ansonsten ausgeschilderte Spazierwege/Lehrpfade und Infozentren in *El Acebuche* und *Sanlúcar de Barrameda.*

ⓘ Parque Nacional Coto de Doñana, Calle Santiago 3, E-21730 Almonte, Tel. 959450159, eMail: pn.donana@cma.junta-andalucia.com; Veranstalter: Discovering Doñana, eMail: donana@sistel.net.es

El Rocío ②

El Rocío bezeichnet einen kleinen Flecken mitten im Marschland des Nationalparks Coto de Doñana, wo im 15. Jh. die Virgen del Rocío, die Jungfrau vom Morgentau, einem Gläubigen erschienen sein soll.

Veranstaltung: Alljährlich zu Pfingsten verwandelt sich das abgeschiedene Dörfchen in das unbestrittene Festzentrum Spaniens, wenn Tausende von Pilgern nach El Rocío ziehen, zu Fuß, mit Karosse oder, wie die ganz Reichen, zu Pferd. Der Pilgerzug bewegt sich laut und fröhlich, im Zeltlager im Ort selbst regiert ebenfalls eine festliche, freudige Stimmung.

Unterkünfte: Der nächstgelegene Ferienort an der Küste ist *Matascalañas* mit zahlreichen Unterkünften. Eine Vorausbuchung wird dringend empfohlen. Wer in den Häusern der Bruderschaften (Hermandades) übernachten will, muss vorher eine Erlaubnis einholen. Auch die Camper haben festgelegte Zeltplätze.

ⓘ www.rocio.com: Spanische Website der Bruderschaft von Ronda mit vielen Informationen und Geschichten.

Palos de la Frontera ③

Ruhmreiche Geschichte hütet die blendend weiße Ortschaft Palos, die einmal einen berühmten Hafen hatte. Von ihm aus stach Kolumbus am 3. Aug. 1492 mit drei Karavellen und einer Mannschaft, die in erster Linie aus Strafgefangenen bestand, in See. Begleitet wurde er von den Brüdern Pinzón, die beide aus Palos stammten.

Sehenswert: Das Geburtshaus der Pinzón-Brüder, das einzige bürgerliche Bauwerk aus dem 15. Jh., das man in dem Städtchen findet, wurde als Museum eingerichtet (mo–fr 10–14 Uhr). Die königliche Verordnung, in der Kolumbus eine Flotte zugesprochen wird, bewahrt man in der Kirche San Jorge auf. Das schlichte, recht gewaltige Bauwerk wurde im 15. Jh. konzipiert und gilt als Beispiel für gotischen Mudéjarstil, der Glockenturm wurde im 18. Jh. hinzugefügt. In einem kleinen Mudéjarpavillon aus Ziegeln befindet sich der heute ausgetrocknete Brunnen Fontanilla, aus dem die Wasservorräte für die Reise des Kolumbus geschöpft worden sein sollen.

Umgebung: Das Kloster *La Rábida* erkor Kolumbus 1484 für eine selbst gewählte Isolation, um seine zur damaligen Zeit fast umstürzlerisch wirkenden Pläne von der Entdeckung einer Westroute zu den Gewürzinseln Asiens zu überdenken. Franziskanermönche verwalten das Kloster, das im 14. Jh. auf einer Almohadenburg errichtet wurde, bis auf den heutigen Tag. Die ausgedehnte Besichtigungsanlage am Río Tinto (5 km südl.) liegt auf einer Anhöhe und umfasst besucherfreundlich Gärten und Kioske, die von einem 1882 geschaffenen Kolumbus-Denkmal überragt werden. Einige Klosterräume sind mit Fresken von Vázquez Díaz aus den 1930er-Jahren ausgemalt, die die Geschichte der Entdeckung erzählen; zur kleinen Alabastermadonna ›Virgen de los Milagros‹ haben die Entdecker gebetet, und Martín Alonso Pinzón liegt hier begraben. (tägl. 10–13 und 16–20 Uhr, mo geschl., Führung obligatorisch).

Huelva ④

Die abgeschiedenste Provinzhauptstadt von Andalusien ist am kärglichsten mit Kunstdenkmälern ausgestattet, was weniger seiner Randlage als einem verheerenden Erdbeben geschuldet ist, das am Allerheiligentag 1755 die Stadt verwüstete. Sein Name indes kennt eine lange Geschichte. Onuba nannten es die Phönizier, Guelbah später dann die Mauren. Huelva liegt zwischen den ausgedehnten Erdbeerfeldern um Lepe und den Bergbaugebieten am Río Tinto. Wie archäologische Funde auf dem gegenüberliegenden Flussufer bezeugen, waren die Vorkommen bereits von den Phöniziern entdeckt und auch von den Römern erschlossen worden. Damals waren die Eisenminen die größten der bekannten Welt.

Sehenswert: Geruhsam gleitet der Alltag heute zwischen dem Marktgebäude, dem Hafen und der Kathedrale (1605) dahin. In dem ehemaligen Kloster La Merced wird ein Bildnis der Virgen de la Cinta, der Schutzheiligen der Stadt, des Barockbildhauers Martínez Montañés aufbewahrt.

Veranstaltungen: 1. Aug.-Woche: Fiestas Colombinas in Erinnerung an Kolumbus´ Entdeckungsfahrt mit Stierkampf, Segelregatten und anderen Wettbewerben; 8. Sept. Wallfahrt Virgen de la Cinta.

Umgebung: *Moguer de la Frontera* (24 km östl.), die Geburtsstadt des mit dem Literaturnobelpreis ausgezeichneten Dichters Juan Ramon Jiménez (1881 bis 1958), erweist sich als Schatzkästlein voller historischer Bauten. In der Klosterkirche Santa Clara (1348) findet man Altäre, komplett mit sevillanischen Fliesen aus dem 17. Jh. belegt, und ein Chorgestühl im Mudéjarstil. Seine Kreuzgänge sollen als stilistische Paten für die Kolonialklöster gedient haben. Jiménez bezeichnete den Glockenturm der Kirche Nuestra Señora de la Granada (1760) als Schwester der Giralda von Sevilla. Sein Geburtshaus hat man als Museum zugänglich gemacht. Fotografien, Bilder und Möbel aus seinem Besitz sind zu sehen (tägl. außer so 10–13 und 17 bis 19 Uhr, so und fei nur vorm.).

Etwa 20 km nordöstl. ist *Niebla* zu erreichen, vor allem bekannt wegen seiner in Spanien einzigartigen, vollständig erhaltenen mittelalterlichen Mauer, die sich auf 3 km Länge um die Altstadt zieht. Der am Río Tinto gelegene Ort erzählt mit den historischen Gebäuden von seiner wechselvollen Geschichte: Er wartet mit einer römischen Brücke, der Kirche Santa María de la Granada (die ältesten Teile stammen aus dem 10. Jh.) und der westgotischen Puerta de Socorro auf.

Nicht zu weit entfernt für Tagesausflüge liegen die besonders im Sommer von den Spaniern heiß geliebten Sandstrände in *Isla Cristina* (keine Insel), etwa 50 km westl. über *Lepe* zu erreichen, und in dem sonnigen Ort *Mazagón*, 14 km südöstl. (Schön: Abfahrt El Parador).

ⓘ Oficina de Turismo, Avenida de Alemania 12, E-21001 Huelva, Tel. und Fax 959257403.

Fromme Szenen auf riesigen Tragebühnen – das gehört zur Semana Santa in Sevilla, deren Umzüge zu den prächtigsten zählen.

Sevilla, sinnen- und feierfreudig

Wer versucht, Sevilla, seine Geschichte und seinen besonderen Zauber zu beschreiben, landet unweigerlich beim Mythos: Carmen, Don Juan, Rossinis Barbier und Mozarts Figaro sind untrennbar mit dieser Stadt verbunden. Mit den Festen verhält es sich ähnlich: Sevilla lernt man am besten kennen, wenn man feiert – zum Beispiel die Semana Santa. Eine gute Ausdauer ist dabei allerdings Grundvoraussetzung.

△ Die Plaza de España im Parque María Luisa in Sevilla ... ... ist reich mit Motivfliesen geschmückt ▽

△ Goyas ›Rufina und Justina‹ in der Kathedrale

Torre del Oro: Hier wurden in Sevilla früher die Güter verzollt ▽

Die Kathedrale von Sevilla, ein riesiger gotischer Prachtbau ▽

△ Die Giralda, Sevillas Wahrzeichen, bei Nacht

Der Erzbischöfliche Palast birgt im Innern eine Gemäldesammlung ▽

Carmen ist nicht stolz. Carmen ist ein gedemütigtes Opfer der Männer, der Toreros, der Militärs. Ob sie nun Don José oder Escamillo heißen, Gehörnter oder Geliebter sind, um ihre Liebe konkurrieren und sich hassen bis auf den Tod, das ist völlig unerheblich: Sie verbünden sich sowieso wieder und besiegeln ihren Machismo mit Messer und Dolch in der Stierkampfarena. Carmen ist wie alle Frauen nur Männerfutter. So eigenwillig sieht es zumindest der spanische Theaterregisseur Fernando Sepúlveda. ›Carmen‹ hat er als Flamenco in der Maestranza, der Stierkampfarena von Sevilla, inszeniert.

Heilige Osterwoche

Wenn man von Sevilla spricht, spricht man vom Feiern. Die Karwoche, Semana Santa, beispielsweise stürzt die Stadt in die größten Leidenschaften. Sie vibriert im Rhythmus der Religion, Tag für Tag, Nacht für Nacht. Die Helden der Semana Santa sind die Tragebühnen, Pasos genannt, mit figürlichen Szenen des Leidenswegs Christi, die Madonnen und die Costaleros, die Männer, die die bis zu 5500 Kilogramm schweren Pasos schleppen.

Die berühmtesten Bildhauer und Holzschnitzer Spaniens haben eigens für die Karwoche Figurenensembles und Marien geschaffen, wie zum Beispiel Perez Roldán und seine Tochter Luisa. Wenn die Costaleros sie aus den Kirchen tragen, beschienen von einem Meer aus brennenden Kerzen, begleitet von düsteren Trommelwirbeln, gellenden Trompetenklängen und den Prozessionen der Büßer in ihren dunklen Kutten, erleben alle miteinander intensive Momente der Spannung. In der Theatralik dieser Inszenierungen verbinden sich Mittelalter und Barock, Mysterienspiel und Oper – unter großzügiger Aussparung der Aufklärung. Hier hat man ausnahmslos alle Facetten des Katholizismus zusammengefasst, inklusive ›heidnischer‹ Wurzeln, fanatischer Anbetung, asketischer Geißelung des Körpers – und seiner spielerischen Erlösung in den Festen.

Nichts ist ergreifender, als in der Dunkelheit zwischen Tausenden ein-

Glanz und Gloria: die trauernde Macarena ▽

△ Weiß verhüllte Büßer auf dem Umzug, ...

... der bis in die Nacht dauert ▽

△ Zwei Gesichter der Semana Santa: zurückhaltendes Lächeln und leidenschaftliches Unglück

△ Auch schwarz gekuttete Büßer sind auf den Beinen

Für den besonderen Duft sorgen die Weihrauchschwenker ▽

gekeilt zu stehen und auf die Erscheinungen der Madonnen zu warten. Aber haben die Träger die Straße mitsamt ihrer Last passiert, ändert sich die Stimmung geschwind. Jeder soeben noch andächtig Schauende stürmt in die nächste Bar und kippt erst einmal einen Fino, redet, lacht, lärmt, isst. Die Costaleros haben freie Zeche...

Am dramatischsten geht es in der Nacht von Gründonnerstag auf Karfreitag zu. Um Mitternacht wird die bedeutendste Madonna Sevillas aus ihrer Kirche gebracht und durch die Stadt geführt: die Madonna der Stierkämpfer, Macarena, der auch Fußballstar Diego Maradona das Trikot weihte, als er sein Gastspiel in Sevilla gab. Die goldene Macarena, in Spitze gehüllt und zugeschnürt wie ein Paket, mit ewiger Trauer und gläsernen Tränen im Gesicht, geschmückt mit den Juwelen der Herzogin von Alba, bringt das Kunststück fertig, endlosen Schmerz zu verkörpern und zugleich Everybody's Darling zu sein. Sehr von dieser Welt sind zuweilen die Kommentare, die ihr die männlichen Gottesfürchtigen zurufen.

Wer die Semana Santa mitfeiert, hat gleichzeitig einen alternativen Stadtrundgang absolviert; er ist einmal um ganz Sevilla gelaufen, kennt fast alle Kirchen und hat doch viel mehr gesehen als die Summe der ganzen Sehenswürdigkeiten zusammen. Und er kann auch viel mehr erzählen.

Trödel und Flamenco

Will man ein wenig vom sevillanischen Alltag jenseits der klassischen Sehenswürdigkeiten erleben, sollte man sich den Sonntag für einen Spaziergang freihalten. Zunächst geht es zur leicht heruntergekommenen Grünanlage Alameda de Hercúles, wo zwischen römisch-griechischen Säulenpaaren ein Flohmarkt abgehalten wird. Dem mythischen Gründer von Sevilla zu Ehren wurde dieser Flanierboulevard einmal angelegt. Heute füllen alte Bilder, Vasen, Trödel und Schallplatten Pflaster und Grün der Alameda.

Das Stadtgebiet südlich der Alameda mit der Calle Feria und Castelar war früher einmal eines der wichtigsten Marktviertel, heute ist es halb klein-

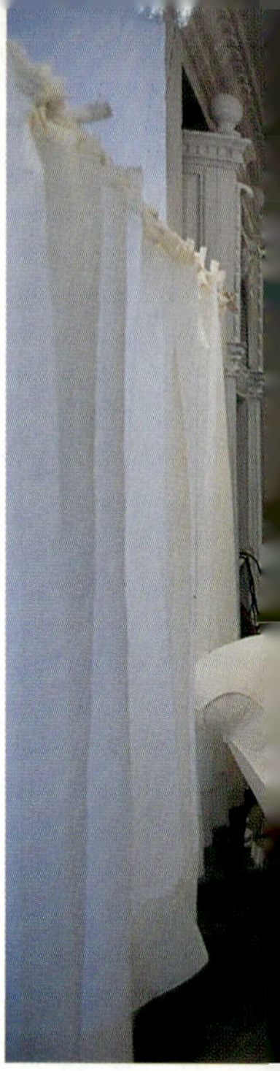

△ Für einen Imbiss zwischendurch: Tapas und Sherry im El Rinconcillo

△ Auf zum Stierkampf in die Maestranza, die Arena von Sevilla

△ Zur Feria kommt man hoch zu Ross, ...

... und abends wird getanzt ▽

△ Carmen-Mode ersteht man am teuersten bei Victorio y Lucchino in Sevilla   Aber als Mitbringsel tut´s ein schöner Fächer auch ▽

bürgerlich und halb zigeunerisch, was man ihm auf den ersten Blick nicht ansieht. Doch manchmal – wenn auch selten – treffen sich Zigeunerfamilien auf der kleinen Plaza vor der Kirche San Miguel, holen Whisky und Stühle aus der Bar, lassen sich nieder und beginnen Flamenco zu spielen und zu singen. Danach geht es weiter zur Plaza Alfalfa mit dem Vogel- und Haustiermarkt. Den Nachmittag sollte man dem Parque María Luisa widmen. Zur Iberoamerikanischen Ausstellung 1929, mit dem Spanien sein Verhältnis zu den ehemaligen Kolonien neu definieren wollte, ist dieser Park durchgestaltet worden. Es gibt zwei Museen, die schön geflieste Plaza España, einen Teich mit Ruderbooten und Gartenterrassen. Hier lernen die meisten Kinder Sevillas zu laufen, Popcorn zu essen und Tauben zu scheuchen.

Señoras à la gitana

Wann die nächste große Feria, der ehemalige Viehmarkt, ins Haus steht, kann man unschwer auf der Straße erkennen. Die versammelte Weiblichkeit Sevillas, egal ob sie schon oder nicht mehr laufen kann, steckt sich das Haar mit bunten Kämmen hoch, greift tief in die Kosmetiktiegel und gewandet sich im Zigeunerlook, knöchellang, eng anliegend, mit tellerweitem Rock und großem Dekolleté. Die Straßen füllen sich mit Señoritas und Señoras, gekleidet in bunter, wogender, schwebender, wippender Stoffpracht mit Volants und Pünktchenmuster. Einen heitereren Anblick gibt es kaum. Die Señoritos traben auf dem Ross ein, ignorieren Verkehrsampeln und Autostaus, haben idealerweise eine stolze Lady im Damensitz auf der Kruppe und das Jerezglas in der Hand. Wohin es geht? Auf das Feriagelände am Guadalquivir – ein Rummelplatz mit Hunderten von Zelten, in denen gefeiert, getanzt und getrunken wird. Zugang hat hier nur, wer eine Einladung vorweisen kann. Den Zaungästen bleibt nur das Treiben in den Gängen und das Zuschauen. Aber das kann auch sehr unterhaltsam sein.

Geschichtenreich: Guadalquivir

Ohne den Guadalquivir wäre Sevilla nicht zu seiner Größe gereift. Der große Strom im südlichen

△ Viele private Innenhöfe werden in Sevilla mit Pflanzen bestückt

△ Carmonas schöne Altstadt mit der Kirche San Pedro

Sevilla: Im Innenhof der Casa de Pilatos ... ▽

Anlässlich der Expo 1992 eingeweiht: Alamillo-Brücke in Sevilla ▽

In Écija kann man Adelspaläste bewundern ▽

△ ... und im Palacio de las Doncellas in den Alcazares Reales

Zum Entspannen: Jardines de Murillo am Barrio Santa Cruz ▽

Spanien verband das Land mit der Welt. Seine Deltamündung war Schauplatz des Aufbruchs nach Amerika, auf ihm segelten die Konquistadorenflotten, und am Torre de Oro, der Zollstation, musste der ganze geraubte Prunk vorbeigeschifft werden. Die alten Handschriften und Kostenaufstellungen der Konquistadoren von Kolumbus bis Mendoza, die man im Archivo de las Indias, der ehemaligen Handelsbörse, betrachten kann, schipperten einst stromaufwärts. Der Fluss war der Weg, auf dem das Gold und das Wissen in die Stadt strömten. Durch die fruchtbare Campiña, die Obst- und Gemüsegärten der Region, erreicht er schließlich Carmona und Écija.

Beide Ortschaften sind ein wenig unterbewertet, überstrahlt vom sinnenfreudigen Sevilla. Schade eigentlich. Denn Carmonas Altstadt umgürtet eine Mauer, in die sogar noch römische Relikte eingearbeitet sind. Eine bunte Versammlung von alten Kirchen und Stadtpalästen macht sie attraktiv, und in den stolzen Alcazar de Arriba, einen stolzen Festungsbau aus der Zeit der Almohaden, ist ein Parador eingezogen, der die Silhouette der Stadt bestimmt.

Palacios und Tapas mit Aussicht

Écija, dampfend in der Genil-Ebene gelegen, gilt als die heißeste Stadt Andalusiens. Sie besitzt eine erstaunliche Ansammlung von ansehnlichen Kirchtürmen, die von ihren solide gemauerten Fundamenten, mit Fliesen verziert, spitz in den Himmel schießen. Elegant geschnitten ist die zentrale Plaza. Adelsgeschlechter wetteiferten hier im 18. Jahrhundert um den prächtigsten Palast. Das Ergebnis dieser fruchtbaren Konkurrenz lässt sich sehen, was auch die unter den schattigen Arkaden verborgenen Restaurants bei der Preisgestaltung clever berücksichtigen. Hier bekommt man Tapas mit Aussicht.

Ein staunenswertes Unikat liegt jedoch in der Calle Emilio Castelar: Der Palacio Peñaflor schmückt sich mit dem längsten Balkon Spaniens, so heißt es, eine der Launen der Vermögenden, die in Sevilla und seiner Umgebung so reichlich versammelt waren.

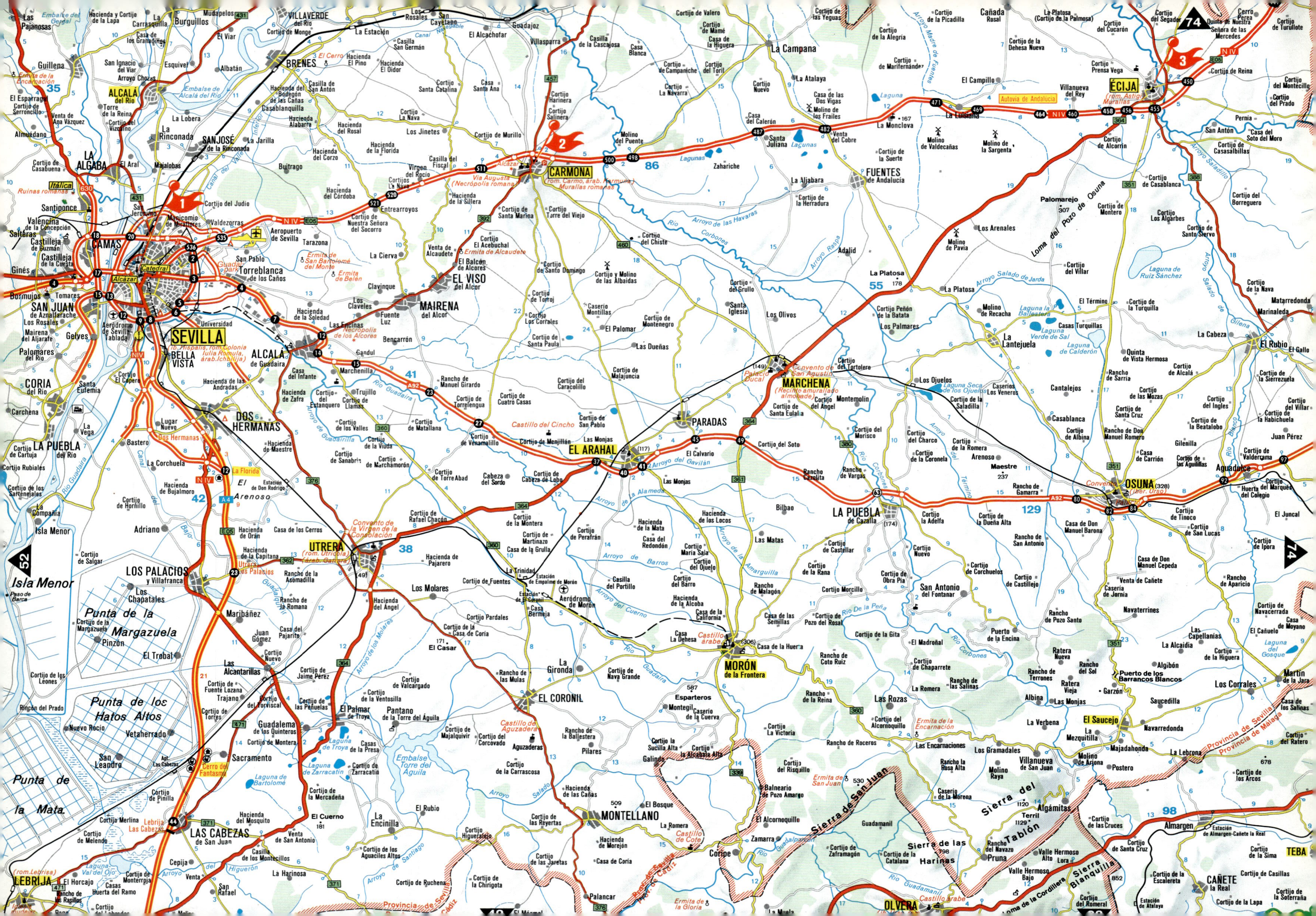
74
74
52
Écija
Osuna
El Saucejo
Cañete la Real
Teba
Almargen
Olvera
Pruna
Algámitas
Sierra del Tablón
Sierra de las Harinas
Sierra de San Juan
La Lantejuela
Fuentes de Andalucía
La Campana
Marchena
Paradas
La Puebla de Cazalla
Morón de la Frontera
Montellano
El Coronil
El Arahal
Carmona
Mairena del Alcor
El Viso del Alcor
Alcalá de Guadaira
Dos Hermanas
Utrera
Los Palacios y Villafranca
Las Cabezas de San Juan
Lebrija
El Cuervo
Sevilla
Bella Vista
Camas
La Algaba
Alcalá del Río
Brenes
Villaverde del Río
La Rinconada
San José de la Rinconada
Burguillos
Guillena
Santiponce
San Juan de Aznalfarache
Gelves
Coria del Río
La Puebla del Río
Isla Menor
Punta de la Margazuela
Punta de los Hatos Altos
Punta de la Mata
Provincia de Sevilla
Provincia de Málaga
Provincia de Cádiz
Autovía de Andalucía
Itálica
35
38
41
42
55
86
98
129

Wo gibt es was?

Fähnchennummer = Textnummer ⓘ = Auskunft

Sevilla ①

Wenn Sevilla feiert, dann ist es genau das, was es immer sein möchte: Spaniens heimliche Hauptstadt. Dann schlägt sogar der staatliche Fernsehsender hier seine Studios auf, um von der Karwoche und der Feria zu berichten. Dann ist die Schmach getilgt, trotz 700 000 Einwohnern und dem Status als viertgrößte Metropole des Landes als rückständig zu gelten. Auch anlässlich der Expo 1992 wurden Anstrengungen unternommen, Sevilla als wichtigste Stadt des Südens zu präsentieren. Der Vorteil: Nun hat sie die längst überfällige Modernisierung ihrer Infrastruktur erhalten.

Geschichte: Ein schöner Mythos: Herakles soll den Standort der Siedlung Sevilla am Guadalquivir bestimmt haben. Die Iberer gründeten hier eine Ortschaft, die später von den Phöniziern und den Karthagern benutzt wurde. Zu erster Blüte verhalfen ihr die Römer 205 v. Chr., die sie zu einer Colonia Julia Romula erkoren. Nach 712 erklomm es unter der zentralistisch orientierten Herrschaft der Omajaden seinen zweiten Höhepunkt, galt als intellektuelles und künstlerisches Zentrum hinter Córdoba. Die Aufsplitterung moslemischer Machtbereiche schwächte Ischbilja (Izvilla) und ließ es 1248 zur leichten Beute für Ferdinand den Heiligen werden. Es erlebte eine erneute Blüte – bis die Casa de Contratación, das Handelshaus, Anfang des 18. Jh. nach Cádiz verlegt wurde. Nachdem der Guadalquivir im 19. Jh. bis nach Sevilla schiffbar gemacht worden war, ging es wirtschaftlich wieder aufwärts. Seiner wachsenden Bedeutung entsprach, dass 1929 hier die Iberoamerikanische Ausstellung ausgerichtet wurde.

Sehenswert: Weithin sichtbar ist das Stadtwahrzeichen *Giralda*, das hohe, grazile Minarett der Freitagsmoschee, das später zum Glockenturm des drittgrößten Gotteshauses der Welt, der *Kathedrale Santa María* (1402/1506), umfunktioniert wurde. Von der ehemaligen Moschee stammt auch der Orangenhof. Im Innern überwältigen ein mit Gold übergossener Altar und ein kostbarer Chor, wertvolle Gemälde (darunter ein Goya, Schutzpatroninnen der Stadt, ›Rufina und Justina‹) und das Grabmal des Kolumbus. Nebenan liegen die *Alcazares Reales* (tägl. außer mo 9.30–19, so 9.30–17 Uhr), das Schloss der Katholischen Könige, das maurische Architekten in der 2. Hälfte des 14. Jh. mit prächtigen Sälen und Innenhöfen ausstatteten. Die üppigen Gartenanlagen mit Springbrunnen kamen unter Karl. V. hinzu. Um die Alcazares Reales schmiegt sich das ehemalige *Judenviertel Santa Cruz*, dessen Gässchengewirr früher wesentlich engmaschiger gestrickt war; die heutigen Linien stammen aus dem 18. Jh. Anmutige Innenhöfe wechseln mit historischen Gebäuden und reizenden Plätzen.

Gegenüber öffnet sich der *Parque María Luisa*, ein riesiges, gepflegtes Grünareal, anlässlich der Iberoamerikanischen Ausstellung 1929 angelegt. Zwei der damaligen Länderpavillons sind heute das *Archäologische Museum* (di–so 10–14 Uhr) und das *Museum für Volkskunde* (di–so 10–14.30 Uhr). Die Plaza de España ist mit Motivfliesen verkleidet. Am Fluss liegen *Torre de Oro* (13. Jh., mo–fr 11–14 Uhr), wo früher die Güter verzollt wurden, und die prächtige *Stierkampfarena Maestranza* aus dem 19. Jh. gleich neben der Konzerthalle, die Luciano Pavarotti 1992 einweihen durfte. Die *Puente Isabel II.* geleitet hinüber in das ehemalige Fischer- und Zigeunerviertel *Triana*, einer der ältesten Stadtteile.

Das *Hospital de la Caridad* (17. Jh.) erweckt die Geschichte des Don Juan zu neuem Leben. Sein Vorbild Miguel de Mañara hat das Hospital in der Calle Temprado als Sühnezeichen der Stadt gestiftet, zusammen mit zwei bedeutenden Werken des Barockmalers Valdés Leal (mo–sa 10–13, 15.30–18 Uhr). Im *Museo de Bellas Artes* ist ihm ein Spezialsaal gewidmet, und viele weitere Berühmtheiten seiner Epoche finden sich hier gut präsentiert (Plaza de Museo, di–so 10–14, 16–18 Uhr). Ein Marmorportal in Form eines Triumphbogens ist ein ungewöhnlicher Eingang für einen Adelspalast; aber er passte in seine Zeit: 1492 entstand die *Casa de Pilatos*. Architektonisch eine Wundertüte von Mudéjar über Spätgotik zur Renaissance, fasziniert es auch durch eine wertvolle Gemäldesammlung (Plaza Pilatos 1, tägl. 9–13, 15–21 Uhr). Nur einen kleinen Teil seiner Schätze zeigt das *Archivo de las Indias*, das neben der Kathedrale in der ehemaligen Börse (16. Jh.) untergebracht wurde. Handschriften der Entdecker, Karten, Einkaufslisten für die Reise ins Ungewisse – hochinteressant (mo–sa 10–13 Uhr).

Veranstaltungen: März/April: Karwoche und Feria (nirgendwo so überschwänglich und ausdauernd wie in Sevilla), Mai/Juni: Fest der Maikreuze; Fronleichnam-Prozessionen; Juli: Festival de Verano (früher Festival Itálica); Juni–Aug.: Stadtteilfeste (Velas); 15. Aug.: Fest der Schutzpatronin Virgen de los Reyes. Die Zeitschrift ›Ocio‹ informiert über die Vielzahl an Festen, Opern- und Schauspielaufführungen.

Einkaufen: In der Calle Sierpes reiht sich ein Traditionsgeschäft an das andere: das Designerduo Victorio y Lucchino mit seiner Neo-Carmenmode (auf Rebaja, Preisnachlass, achten!), ›Sevillarte‹ mit Fächern und Kunstgewerbe, Juweliere, Popboutiquen, Geschäfte nur für Haarschmuck und eines der besten Cafés der Stadt, das ›Campana‹. An der Plaza Nueva entwirft Narciso Rodríguez für das Traditionshaus Loewe: Nun füllen seine Kleider die Vogue-Seiten. Kleine Geschäfte mit Kunsthandwerk im Barrio Santa Cruz. Flohmarkt am Sonntagvormittag an der Alameda de Hercúles.

Umgebung: Etwa 12 km nordwestl. liegen die Ruinen der römischen Stadt *Itálica* mit dem größten Amphitheater Spaniens und Überresten von Villen, Thermen und Brunnen und teilweise gut erhaltenen, kostbaren Bodenmosaiken.

ⓘ Oficina de Turismo, Avenida de la Constitución 21, E-41012 Sevilla, Tel. 954221404, Fax 954229753. eMail: otsevilla@andalucia.org

Carmona ②

Inmitten fruchtbarer Äcker thront Carmona (22 000 Einw.) auf einer kleinen Anhöhe, die Altstadt umringt von einer dicken Stadtmauer, die bereits unter römischer Herrschaft gebaut wurde. Phönizier errichteten an dieser Stelle eine Befestigungsanlage, der Karthager Hasdrubal erweiterte sie 227 n. Chr. Mauren und Spanier vervollständigten dann das Ensemble.

Sehenswert: Zahlreiche Kirchen und Stadtpaläste befinden sich im Innern der Altstadt, die Iglesia San Bartolomé und Iglesia San Felipe aus dem 15. Jh., der Palacio Escamilla aus dem 18. Jh., das Kloster San José aus dem 17. Jh. sowie der Palacio de las Torres aus dem 18. Jh. Besonders eindrucksvoll ist die wuchtige Kirche San Pedro (1500).

ⓘ Oficina de Turismo, Arco de la Puerta de Sevilla, E-41410 Carmona, Tel. 954190955, Fax 954190080, eMail: carmona@andal.es

Écija ③

Wie flirrende Spieße ragen die zahlreichen (Kirch-)Türme aus der Ebene des Genil, die Écija umgibt. Im 18. Jh. eine attraktive Stadt zum Repräsentieren, hat sie an Bedeutung eingebüßt, aber die Bauwerke sind immer noch eine Pracht.

Sehenswert: Im hübschen Rathaus an der eleganten Plaza de España gibt es ein römisches Bodenmosaik aus dem 2. Jh., das auf die lange Besiedlung der Stadt hinweist. Reinstes Mudéjar ist die Fassade des Konvents der Teresierinnen (15. Jh.), Mudéjar gepaart mit Gotik taucht auch an der ältesten Kirche Écijas auf, der Iglesia de Santiago (16.Jh.). Als hervorstechendste Paläste dürfen gelten: Palacio Benameji, der Barockpalast des Marqués de Santaella und der Palacio Peñaflor mit dem längsten Balkon Spaniens und einer Fassade aus rosafarbenem Marmor und Fresken (alle 18. Jh., privat).

ⓘ Oficina de Turismo, Palacio de Benameji, Canovas del Castillo, E-41400 Écija, Tel. 955902933, Fax 95590291, eMail: turismoecija@interbook.net

Maßstab 1:350.000 0 2,5 5 7,5 10 12,5 15km

Über das seichte Flussbett verbindet der Puente Romano seit der Römerzeit die Stadtteile Córdobas diesseits und jenseits des Guadalquivir miteinander.

Córdoba, die Stadt der Kalifen

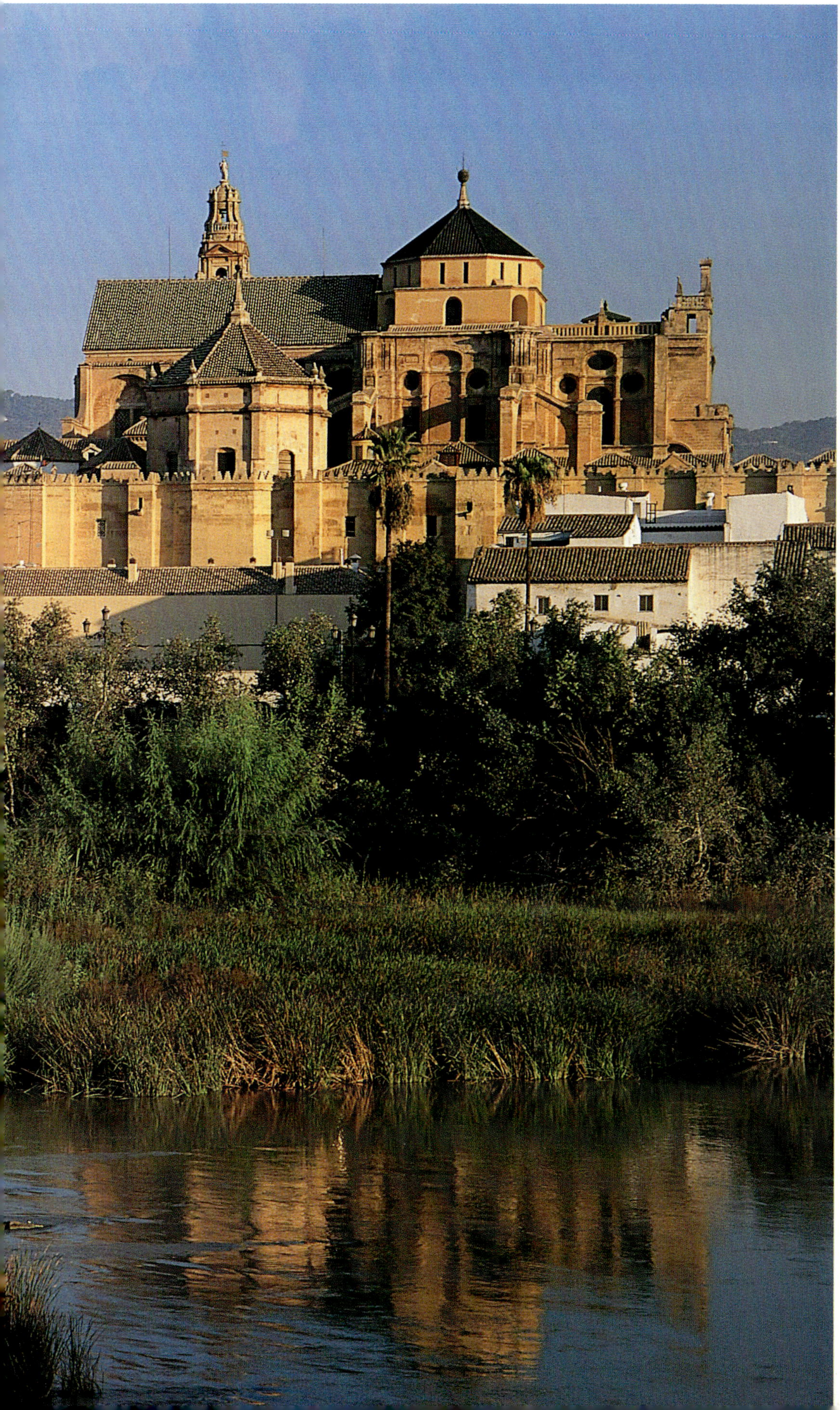

Mit sechzehn Bögen verbindet die alte römische Brücke in Córdoba, Puente Romano, seit rund 2000 Jahren die beiden Ufer des träge dahinfließenden Guadalquivir. Sie geleitet direkt in das Zentrum der ehemaligen Weltstadt, zur Großen Moschee Mezquita – zweifellos noch immer eines der wunderbarsten Bauwerke des Islam.

△ Kunstvoll von außen: die Mezquita von Córdoba

An der Puerta del Perdón erhielten Sünder Vergebung ▽

△ Grüne Oase innerhalb der Mezquita: Patio de los Naranjos

△ Ein Wald aus Granit und Marmor trägt das Dach der Säulenhalle der Mezquita

△ Die Betrachtung der prunkvollen Decke der Gebetsnische, Mihrab, lässt manchen erstummen

Sie war ... ▽

... im 10. Jahrhundert einer der prachtvollsten Paläste der Welt: Medina Azahar ▽

Vom Zauber des sagenhaften Palastes Azahara, vor langer Zeit gebettet zwischen elfenbeinfarbene, blühende Mandelbäume und feierlich anmutende Zypressen, ist nichts geblieben. In der einst mächtigsten Stadt Spaniens, der Hauptstadt Córdoba am Ufer des Guadalquivir, erinnert heute die Mezquita an den Glanz früherer Zeiten, als der Islam seinen Einfluss bis in den Norden des Landes ausdehnte. Mit seinem Schlosskastell Alcázar und dem jüdischen Viertel samt einer der wenigen erhaltenen Synagogen aus dem frühen 14. Jahrhundert, mit Denkmälern und Museen erlebt man Córdoba heute so, wie es damals empfunden wurde: als Zentrum der Gelehrsamkeit. In Córdoba pflegte man die religiöse Toleranz: Jüdische, christliche und moslemische Lebenswelten bestanden relativ respektvoll nebeneinander – so lobten geschichtliche Kommentatoren überschwänglich.

Traumhaft: Medina Azahara

Das 10. Jahrhundert bescherte den Handwerkern im Kalifat Córdoba einen unvorhersehbaren Bauboom. Eine Palaststadt in unmittelbarer Nähe der Hauptstadt sollte errichtet werden mit Geldern, die eigentlich für die Auslösung moslemischer Gefangener gedacht waren. Doch es gab niemanden auszulösen, und so entstand Medina Azahara, das – so die Legende – prächtigste Bauwerk, das die Welt bis dahin sah. Becken mit flüssigem Quecksilber, Decken aus edelsteinbesetztem Silber, 400 Gemächer allein für den Kalifen – und 800 Laibe Brot täglich zur Fütterung der bunten Zierfische in den Wasserbassins: Medina Azahara war ein Wunder.
Diese Pracht gibt es nicht mehr. Sie wurde bereits 40 Jahre nach Fertigstellung komplett zerstört. Die politischen Verhältnisse hatten sich radikal verändert: Die Omaijaden, die anderthalb Jahrhunderte zuvor dem Westgotenkönig Rodrigo Al-Andalus abjagten, hatten all die Jahre die Macht unter sich geregelt. Berberische Volksstämme wurden als Kriegsführer und Soldaten eingesetzt, doch ließen die Herrschercliquen sie nicht an der Führerschaft teilhaben. Damit

Die Statue des Maimonides in der Judería von Córdoba ▽

△ Vom Torre del Alminar, dem Glockenturm der Mezquita, hat man einen schönen Blick auf die Stadt

Córdoba ist bekannt für seine Patios ▽

△ Die schönen Gärten des Alcázar de los Reyes Cristianos

Die Plaza del Potro schmückt ein Brunnen aus dem Jahr 1577 ▽

provozierten die Omaijaden Spaltungen und Aufstände, die schließlich in Kriege mit den fanatischen Almohaden und Almoraviden gipfelten, die Andalusien im 12. Jahrhundert eroberten.

Ein Bildersturm setzte ein. Der Prunkpalast wurde als Symbol von Dekadenz und Ausschweifung in Trümmer gelegt. Pech für die Nachwelt: Die Archäologen haben äußerste Mühe, Medina Azahara zu rekonstruieren.

Mezquita, die große Moschee

Ein Hof voller duftender Orangenbäumchen bildet den Eingang, dann landet man im Zwielicht. Ganz allmählich lösen sich Silhouetten aus dem Halbdämmer des Innenraums. Es ist ein Wald aus hohen, schlanken Marmorsäulen, die von doppelten rotweißen Bögen überspannt werden. Ein Wald, den Dichter auf die vielfältigste Art besungen haben, der mit einem Palmenhain verglichen wurde, eine die Sinne verwirrende und doch auf den Grundlagen der Geometrie entworfene Fülle von Linien und Wölbungen. Ein Labyrinth, wundersam und überwältigend.

Bei all dem Zauber waren die Baumeister und Handwerker allerdings sparsame Pragmatiker und integrierten Säulen, die sie bereits vorfanden, stapelten römische Kapitelle und Bruchstücke aus westgotischen Kirchen übereinander, um die Höhen auszugleichen. Aller Wiederholungen der Form zum Trotz: Hier ist kein Säulenpaar wie das andere – und das auf 23 000 Quadratmetern. Bis heute ist die Mezquita eines der prachtvollsten Bauwerke des Islam geblieben. Die 1536 hineingebaute Kathedrale, die sämtliche gekonnt ausgeklügelten Symmetrien zerstört, manifestiert als Kuriosum den Siegerwillen des katholischen Glaubens über den islamischen, nachdem die Mauren aus Spanien vertrieben worden waren.

Philosophen und Gelehrte

Man sollte Córdoba, das voll blühendem Alltagsleben ist, nicht verlassen, ohne der Synagoge und dem jüdischen Viertel einen Besuch abzustatten. Es ist ein heiteres, pittoreskes Viertel, dessen Häuschen

△ Ein Bild von einer Burg: Castillo del Almodóvar del Río

Auch Sonnenblumenfelder prägen das Antlitz der Provinz ▽

△ Cristos de los Faroles, ein Wahrzeichen Córdobas

△ Für ihre Feria Ende Mai steht den Cordobesen sogar ein separates Festgelände zur Verfügung

△ In den Casetas wird während der Feria ausgiebig gefeiert

Wandern abseits des Tourismus: Naturpark Sierra Subbética ▽

dicht an schmalen, weißen Gassen stehen. Nach der Vertreibung der Juden 1492 siedelten sich Arbeiterfamilien dort an, doch es gibt auch herrschaftliche Häuser wie das des Conde Garcilaso de la Vega, eines Inka, mit einem richtigen cordobeser Patio, das in eine Pension umgewandelt wurde. Jedes zweite Gebäude hat eine mit Samt ausgeschlagene Vitrine und bietet den fein ziselierten Schmuck an, für den Córdobas Silberschmieden so berühmt sind. Zwischen einladenden Tapasbars findet man die Standbilder zweier berühmter Stadtsöhne: des römischen Prosaikers Seneca (4 v.–65 n. Chr.) und des jüdischen Philosophen Maimonides (1135–1204). Dem dritten, dem arabischen Philosophen und Mediziner Averroes (1126–1198), ist diese Ehre verwehrt geblieben, und wir müssen das Museum in der mittelalterlichen Torre de la Calahorra aufsuchen, um etwas über ihn zu erfahren. Gleich dem Juden Moses Maimonides, einem der berühmtesten Religionsphilosophen seiner Zeit, war er ein hochgebildeter Arzt, der vor den fanatischen Berbersekten aus Córdoba flüchten musste. Noch eine weitere Berühmtheit wohnte in der Judería in der Calle Tomás Conde: Der Dichterfürst Luis de Góngora y Argote (1561–1627), dessen Kunst großen Einfluss auf die moderne spanische Lyrik haben sollte.

Cordobeser Feiern

Eigentlich ist der ganze Mai eine große Feier, beginnend mit Cruz de Mayo, einem lebhaften Straßenfest. Gefeiert wird um blumengeschmückte Kreuze, die auf Plätzen in der ganzen Stadt aufgestellt werden. Anlass des Festival de los Patios ist der Wettbewerb um den schönsten Innenhof: Alle hingebungsvoll herausgeputzten Innenhöfe sind im Mai öffentlich zugänglich, drei der schönsten werden prämiert. Am Ufer des großen Flusses, des Guadalquivir, findet ebenfalls alljährlich im Mai die Feria de Córdoba statt. Demokratisch geht es hier zu, denn jeder darf mitfeiern und mittanzen, nicht nur die Eingeladenen in exklusiven Zelten wie in Sevilla. Am besten gleich die ganze Nacht hindurch.

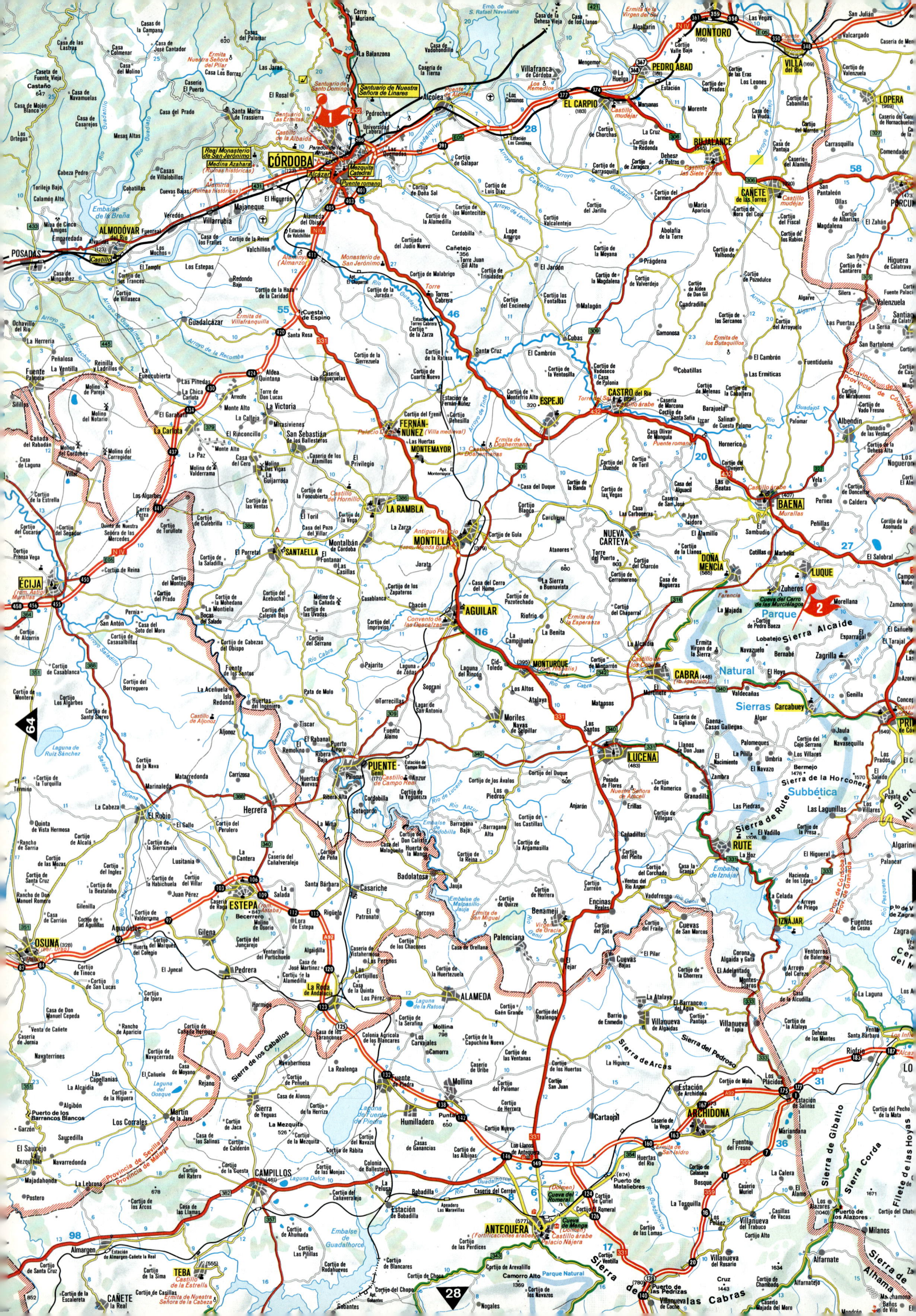

CÓRDOBA
Mezquita Catedral
Alcázar
Puente romano
Real Monasterio de San Jerónimo
Medina Azahara (Ruinas históricas)
Santuario de Nuestra Señora de Linares
Santuario de Santo Domingo
ALMODÓVAR del Río
Castillo
POSADAS
MONTORO
PEDRO ABAD
VILLA del Río
LOPERA
EL CARPIO
Castillo mudéjar
BUJALANCE
Castillo de las Siete Torres
CAÑETE de las Torres
Castillo mudéjar
PORCUNA
Valenzuela
Santiago de Calatrava
Alcolea
Puente de Alcolea
Villafranca de Córdoba
Los Remedios
La Carlota
Guadalcázar
Ermita de Villafranquilla
Fuente Palmera
ÉCIJA
Santuario de Nuestra Señora de las Mercedes
La Victoria
San Sebastián de los Ballesteros
FERNÁN-NÚÑEZ
Palacio Ducal
MONTEMAYOR
Castillo de Dos Hermanas
Ermita de Dos Hermanas
ESPEJO
Castillo
CASTRO del Río
Torre del Puerto
Puente romano
LA RAMBLA
Castillo del Hornillo
MONTILLA
Antiguo Palacio
SANTAELLA
AGUILAR
Convento de las Descalzas
Ermita de la Esperanza
NUEVA CARTEYA
DOÑA MENCÍA
BAENA
Castillo árabe
Murallas
LUQUE
Zuheros
Cueva del Cerro de los Murciélagos
Parque Natural Sierras Subbéticas
Sierra Alcaide
Sierra de la Horconera
Sierra de Rute
MONTURQUE
CABRA
Castillo de los Condes
Carcabuey
Priego de Córdoba
Moriles
LUCENA
Nuestra Señora de Araceli
PUENTE GENIL
Castillo de Campo Real
Embalse de Cordobilla
Embalse de Malpasillo
Embalse de Iznájar
RUTE
IZNÁJAR
Castillo de Anzur
Jauja
Badolatosa
Casariche
Benamejí
Virgen de Gracia
Palenciana
Cuevas Bajas
Cuevas de San Marcos
Herrera
El Rubio
Marinaleda
ESTEPA
Gilena
Pedrera
OSUNA
La Roda de Andalucía
ALAMEDA
Sierra de los Caballos
Sierra de Arcas
Sierra del Pedroso
ARCHIDONA
Ermita de San Isidro
Humilladero
Mollina
Fuente de Piedra
Laguna de Fuente de Piedra
CAMPILLOS
Laguna Dulce
ANTEQUERA
Cueva de Menga
Cueva del Romeral
Castillo árabe
Palacio Nájera
Fortificaciones árabes
Sierra de las Cabras
Puerto de las Pedrizas
Villanueva del Rosario
Villanueva de Algaidas
Villanueva de Tapia
Villanueva del Trabuco
Sierra de Gibalto
Sierra Gorda
Sierra de Alhama
TEBA
Castillo de la Estrella
CAÑETE la Real
Almargen
El Saucejo
Los Corrales
Martín de la Jara
Sierra de Yeguas
Embalse de Guadalhorce
Parque Natural
Provincia de Sevilla
Provincia de Málaga
Provincia de Córdoba
Provincia de Granada
Provincia de Jaén
64
28

Córdoba ①

Córdoba (300 000 Einw.), die prächtigste Stadt des 10. Jh., hinterlässt heute eher einen ländlichen Eindruck. Der Hort der Wissenschaft und der Künste am Wadi-al-Kebir, dem großen Fluss, den die Spanier später Guadalquivir taufen sollten, übertraf in seiner Glanzzeit das arabische Damaskus. Heute trifft man in Córdoba auf zwei unterschiedliche Gesichter: das der versunkenen Pracht und das der ganz normalen Provinzhauptstadt mit lebhaften Festen und prächtig geschmückten Patios. Durchflossen von dem königlichen Strom Südspaniens, umgeben von fruchtbaren Auen, war Córdoba allein durch seine Lage prädestiniert dafür, eine bedeutungsvolle Rolle zu spielen. Die Phönizier ließen sich an diesem Ort nieder, die Römer schlugen ein Verwaltungszentrum auf. Bereits im ersten Jahr ihrer Herrschaft über Al-Andalus eroberten die Mauren Córdoba, das daraufhin rasant aufblühte. Nicht nur Prunk und Pracht der fürstlichen Bauwerke waren damals Legende, sondern auch die raffinierten Bewässerungsmethoden und das ausgeklügelte Anbausystem, mit dem die Mauren das Land bestellten. Der Zerfall des zentralistisch ausgerichteten Kalifats und die Zersplitterung in Machtcliquen, die ihre eigenen Zentren aufbauten, leiteten den Untergang von Córdoba ein. 1236 nahm wiederum Ferdinand III. Córdoba den Mauren ab. Zahlreiche Kirchen und Klöster entstanden und vertäuten die Region fest in den katholischen Glauben.

Sehenswert: Die schönste Moschee der westlichen Welt, die die Zeit überdauert hat, ruht an den Ufern des Guadalquivir. Die Brücke über den Fluss, die zur *Mezquita* führt, hat ihre Standhaftigkeit solider römischer Technik aus dem 2. Jh. nach Chr. zu verdanken. Selbstverständlich restauriert, ist sie heutzutage sogar dem Autoverkehr gewachsen. Damals, 785, wurde die westgotische Kirche *San Vicente* um das islamische Gebetshaus erweitert. Das Gebäude reichte bald nicht mehr, und bis zum Sieg Ferdinands wurde an der sienafarbenen Mezquita gebaut. Die umfassendsten Veränderungen nahm Almansor im 10. Jh. vor.

Man betritt den mit Orangenbäumchen bepflanzten Moscheenhof über die Puerta de los Deanes. Früher wurden hier die rituellen Waschungen vorgenommen. Ursprünglich öffneten sich die 19 Schiffe der Bethalle auf den Hof, doch die katholischen Herrscher opferten die Raumwirkung, um Kapellen zu bauen und Mauern einziehen zu lassen. Vorgegeben haben sie die Baumeister unter Abd-ar-Rahman I., in dem den schlanken Säulen Konsolen und Doppelbögen aufgesetzt wurden, um die unterschiedliche Höhe der Säulen und Kapitelle auszugleichen. Denn jene waren nicht extra gefertigt worden, sondern Fundstücke aus römischer und westgotischer Zeit. Die späteren Kalifen behielten bei den Erweiterungen des Raums dieses Prinzip bei. Die Gebetsnische *Mihrab* wurde mit kostbarsten Mosaiken – die Steine sollen aus Byzanz stammen – ausgelegt und mit einer prachtvollen Kuppel überwölbt. Dieses Kunstwerk entstand während der Regierungszeit von Hakem II. (961–976). In der *Capilla Real* fallen das spätbarocke Chorgestühl und eine Stierskulptur aus rosa Marmor auf (tägl. 10 bis 19 Uhr, im Winter bis 17.30, so nur nachm.). Der benachbarte *Alcázar*, der königliche Palast, entstanden unter Alfonso XI. im Jahr 1328, zeigt Funde aus der Römerzeit und hat sehr schöne Gartenanlagen (di–sa 10–14, 18–20 Uhr). Nördlich schließt sich das ehemalige Judenviertel *Judería* an, ein Labyrinth aus weißen Gässchen, in denen die Synagoge von 1314 hervorsticht. Nur zwei weitere aus dieser Zeit sind in Spanien überhaupt erhalten. Das Monumento Nacional an der Calle de los Judíos steht di–sa 10–14, 15.30–17.30 und so 10.30–13 Uhr offen. In der trubeligen Judería verborgen liegt das *Stierkampfmuseum* in einem Palast aus dem 16. Jh. (di–sa 10–14, 17–19 Uhr, so nur vorm.) mit Kostümen und Plakaten. Den üppigen Reichtum einer Adelsfamilie kann man in dem *Palacio de Viana* bestaunen, einem sich über 14 Patios erstreckenden, blumengeschmückten Gebäudekomplex, angefüllt mit Kunsthandwerk und Gemälden (Calle San Agustín, tägl. außer mi 9–14 und 16–18 Uhr). Östl. davon an der Plaza de los Dolores befindet sich eines der Wahrzeichen Córdobas, der *Cristo de los Faroles* (1794), das Bildnis des Gekreuzigten umgeben von acht Laternen. Im 17 .Jh. war sie das Herz der Stadt, heute ist sie der Achtlosigkeit anheim gegeben: Die *Corredera*, ein weiter Platz, umschlossen von Arkadengängen und vierstöckigen, mit Fensterbalkonen geschmückten Häuserfronten. Den reizenden Renaissanceplatz *Plaza del Potro* mit einem Fohlenbrunnen (1577) begrenzen das *Museo Provincial de Bellas Artes* (16. Jh.), u. a. mit Werken von Murillo, Leal und de Ribera (Sommer di–sa 10–13.30, 18–20, so 10–13.30 Uhr, sonst di–sa 10–14, 17–19, so 10–13.30 Uhr) und die Posada del Potro, die Miguel Cervantes in seinem ›Don Quijote‹ erwähnt und die heute ein attraktives Kulturzentrum ist. Am anderen Ende der Puente Romano wartet in der Torre de la Calahorra aus dem 14. Jh. das hochinteressante *Museo del Al-Andalus*, ein besonderes Geschichtsmuseum, in dem das friedliche Zusammenleben der islamischen, jüdischen und katholischen Glaubenswelt und ihre künstlerischen und wissenschaftlichen Leistungen beschworen werden (tägl. 10–14 und 16.30–20.30 Uhr, im Winter 10–18 Uhr).

Veranstaltungen: Die Karwoche mit der Prozession der Virgen de los Dolores. Anf. Mai folgt das Fest der Maikreuze, danach das Fest der Patios, wobei der schönste blumengeschmückte Innenhof prämiert wird. Sehr schön auch die Feria auf eigenem Festgelände, ebenfalls im Mai.

Einkaufen: In der Judería gibt es viele Geschäfte mit Silberschmiedearbeiten und einige Läden für Kunsthandwerk.

Umgebung: Einst mit der Kalifenstadt Córdoba verbunden, sollte die Palaststadt *Medina Azahara* 8 km westl. das Prächtigste gewesen sein, das auf der damals bekannten Welt existierte. Unter Abd-ar-Rahman 936 begonnen, wurde sie von fanatischen Berbersekten als Symbol der Dekadenz zerstört. 1910 begann man, den Palast zu rekonstruieren. Die Grundrisse messen 1500 x 750 m und sind über drei Terrassen verteilt. Die Gärten, eine Empfangshalle und eine Moschee konnten wieder hergestellt werden und zeigen Spuren großer Schönheit (di–so 10–14 und 18–20 Uhr, im Winter 16–18 Uhr, so 10–13.30 Uhr).

Almodóvar del Río, 22 km südw. von Córdoba, sieht aus wie eine echte Ritterburg und erhebt sich höchst eindrucksvoll auf einem Gipfelplateau aus flach ondulierten Feldern. Unverziert und glatt die Mauern, mächtig der Grundriss, trutzig die Wehrtürme, wurde sie von den Mauren erbaut und als Bollwerk gegen die katholischen Kriegszüge genutzt (heute Privatbesitz).

ⓘ Información Turística, Torrijos 10,
E-14003 Córdoba, Tel. 975471235,
Fax 957491779.

Sierra Subbética ②

Rund 70 km südöstl. von Córdoba gelegen, bietet sich der Naturpark Sierra Subbética für Naturfreunde zum Wandern an. Der Untergrund der touristisch noch nicht gut bekannten und recht ursprünglichen Sierra Subbética besteht aus Kalkstein, und der sorgt für die charakteristischen schroffen Gebirgszüge. Aus Olivenbaumpflanzungen und Wäldern von Stein- und Kermeseichen, Erdbeerbäumen und Pappeln ragen die grauweißen Bergspitzen empor. *Priego de Córdoba*, *Luque* und *Cabra* sind Eingangspforten.

Umgebung: Auf halber Strecke zwischen Córdoba und der Sierra Subbética gelegen, gab *Montilla* dem Amontillado-Wein seinen Namen. Besichtigung der Bodega Alvear (Tel. 957664014) und der Bodega Pérez Barquero (Tel. 957650500) nach Voranmeldung. Westl. der Sierra Subbética das Weinbauzentrum *Lucena* mit der Ruine des Castillo del Moral. In *Cabra* steht eine der ältesten Kirche Andalusiens, San Juan Bautista; in *Priego de Córdoba* schließlich erstaunen ein Brunnen mit fast 140 Wasserspeiern vom Anfang des 19. Jh. und eine Burg mit sechs Türmen.

Maßstab 1:400.000 0 5 10 15 20km

Weit schweift der Blick über den waldreichen Naturpark Sierra de Cazorla. Auf 826 Metern Höhe gelegen, ist der gleichnamige Ort ein guter Ausgangspunkt für Wanderungen.

Im Land der Oliven: Jaén und Umgebung

Kaum ein Boden scheint geeigneter, verwunschene Traumgestalten leben zu lassen als die dunklen Wälder, die kühnen, kargen Gebirgslinien der Provinz Jaén. Über den Dörfchen thront wie ein stummer Gebieter eine monumentale Kirche, ragt eine Burgfeste surreal wie der Finger eines Riesen gen Himmel. Und rundherum ergießen sich Olivenhaine – das Gold Jaéns ist die Vergangenheit und Zukunft der Provinz.

△ Im Olivengebiet südwestlich von Jaén liegt Alcaudete

Schroffes Kalksteingebirge prägt die Landschaft der Sierra de Cazorla ▽

Cazorla mit dem Castillo de la Ydra ▽

△ Die Provinz Jaén lebt von der Olivenölproduktion. Auch in der Sierra de Cazorla erstrecken sich Plantagen fast bis zum Horizont

△ Ein herrliches Wandergebiet ...

... ist der Naturpark Sierra de Cazorla, Segura y las Villas ▽

Der Provinzbeauftragte José Gámez Molina blickt in die Wellen. Wellen aus Olivenhainen. Sanftrote Hügel, zimtfarbene Hügel, so endlos wie der Ozean. Und darauf schimmern die Olivenbäume im Sonnenlicht, als wären sie schon ewig da. Sie sind Schicksal, sie sind Fluch, und sie sind die Zukunft der nördlichsten Provinz Andalusiens, dem von bizarren Gebirgsgraten überragten Jaén. José malt die Zukunft verhalten rosig. Die ökologisch angebaute Olive (Ecoliva) wird Jaén retten, dort, wo es nicht einmal eine ordentliche Fußballmannschaft gibt und sogar die Einweihung eines Supermarktes die Lokalzeitung füllt.

Oliven, das Gold Jaéns

Der Zeitgeist ist auch in der gleichnamigen Hauptstadt nicht zu Hause. Das ist häufig so in spanischen Provinzstädten. Lange Zeit musste Jaén politische und finanzielle Vernachlässigung ertragen. Und so ist es das Erbe der Phönizier, die Olive, die ihr Antlitz bestimmt. Die Bauern hatten viel Zeit, es zu kultivieren. Es gibt mittlerweile 626 Sorten. Mit Oliven wird man in Europa dennoch nicht reich. Es konkurrieren Italien, Griechenland, Frankreich und die Türkei, die ebenfalls überproduzieren. Das Konzept von Ecoliva nun wendet den Nachteil in einen Vorteil. Denn wer begeisterte sich nicht für ökologisch angebautes Olivenöl?

Die Olive hat den Alltag der Bewohner Jaéns beherrscht, seit sie denken können. Erntezeiten und -erträge bestimmten und bestimmen den Ablauf des Familienlebens, entschieden über Arbeitslosigkeit und volle Teller. Olivenöl inspirierte die Köchinnen zu tausenderlei Varianten mit stets gleichbleibenden Zutaten, und die akribisch aufbewahrten Rezepte verzeichnen noch den kleinsten Unterschied: Ob die Blutwurst mit oder ohne Haut serviert wird, ist ihnen einen neuen Namen wert.

Region mit Potenzial

Doch die Tradition wird nicht mehr selbstbewusst verfochten. Deswegen ist José auch überzeugt davon, dass der wirtschaftlichen Umgestaltung ein kultureller

△ Die Renaissancekirche El Salvador wurde als Privatkapelle einer vermögenden Familie aus Úbeda errichtet

Fast wie ein kleines Museum: der Laden des Töpfers Tito in Úbeda ▽

Der Palacio Condestable Davalos in Úbeda beherbergt heute einen Parador ▽

△ Die Ruine der Festung La Iruela erhebt sich noch immer stolz über der Sierra de Cazorla

△ In der Töpferstadt Úbeda kann man Souvenirs erwerben, die sowohl schön als auch praktisch sind

△ Baeza: Senor Lozanos Modellfassade aus Sandstein ... ... und der Palacio Jabalquinto im Original ▽

Aufbruch folgen wird. Eine Besinnung auf die regionalen Werte und Schätze sei unausweichlich, seien es nun die Oliven, die dichten Eichenwälder, die Quelle des Guadalquivir, die einzige rechteckige Stierkampfarena der Welt in Segura de la Sierra oder die harmonischen Proportionen der Töpferwaren. Und das sei doch sehr schön.

Er erläutert sein Konzept auch in Hinblick auf den Tourismus. Ihn wünscht er sich ebenfalls nicht massenhaft, sondern umweltbewusst und aufmerksam. Nun können die Renaissancestädte Úbeda und Baeza, zwei Provinzschönheiten, und der größte Naturpark Spaniens, der Parque Natural Sierra de Cazorla, Segura y Las Villas, dessen letzter Teil noch nicht erschlossen wurde, schwerlich Massen anziehen, denn hier gibt's keinen Meeresstrand und auch keine turnhallengroßen Diskotheken, sondern schroffe Karstgipfel und die Heimeligkeit von kleinen Bars, in denen jeder jeden kennt und weder Deutsch noch Englisch spricht. Aber das Potenzial ist unübersehbar.

Zum Beispiel Baeza

Man setze sich einfach den ganzen Tag auf die Terrasse des ›Café Mercantil‹ am Paseo de la Constitución. Ganz Baeza läuft mindestens einmal am Tag vorbei. Man beobachte bei einem Café con leche die Hausfrauen beim Einkaufsbummel während der Vormittagsstunden, betrachte Trauben von munteren, lärmenden Schülern, Senioren mit der Tageszeitung in der Hand. Später, so um die Mittagszeit, wechsle man zu einem Fino oder einem Glas Rotwein. Jetzt füllt sich das Lokal, und alle feiern den Beginn der Mittagspause mit einer kleinen Tapa und einem kurzen Schwatz.

In den Abendstunden werden Familienzusammenführungen zelebriert, wenn die Papas aus dem Büro und die Mamas mit den Kindern vom Spielen kommen, Verabredungen werden getroffen, und später, zu fortgeschrittener Stunde, ist sowieso Zeit für den täglichen Barbesuch. Es ist viel passiert in Baeza, und das erzählt jeder jedem und auch dem neu Angekommenen selbst, denn jetzt gehört er dazu.

△ Einer der schönsten Renaissancebauten in Spanien: die Kathedrale von Jaén

△ Barocke Skulpturen schmücken die Fassade der Kathedrale von Jaén, ...

△ Plaza del Lagarto im Barrio Magdalena in Jaén

... innen birgt sie als Reliquie den Abdruck des Antlitz' Jesu ▽

△ Die arabischen Bäder in Jaén wurden blendend restauriert

Ort zum Einkehren: Restaurant Casa Vicente ▽

Welt in kleinen Hölzern

In dieser Runde rät man dem Fremden, dem Getränkehändler Lozano einen Besuch abzustatten. Die Renaissancepaläste seiner Heimat beflügelten die lokalpatriotischen Ambitionen des Señor, und nun beweist er seine künstlerische Fitness an Streichholzkonstruktionen. Und die sind wirklich sehenswert. Die Vorlagen für seine Modelle sind die traumhaft schönen Bauten von Baeza, die wie zufällig in das ländliche Stadtbild hineingestreut wirken. Der Palacio Jabalquinto mit seiner gemeißelten Fassade, die im Sonnenlicht flirrt, als sei sie mit Diamanten bestreut, liegt gleich um die Ecke seines Getränkegeschäftes.

Die Braut von Úbeda

Die durch Weizenanbau und Viehzucht im 16. Jahrhundert wohlhabend gewordenen adligen Großgrundbesitzer der Region erkoren auch Úbeda als Repräsentationssitz. Sie engagierten die berühmtesten Baumeister ihrer Zeit, um sich Paläste und Kapellen entwerfen zu lassen. Úbeda gleicht einem Architekturmuseum: Jedes Viertel überrascht mit einer neuen Ansicht. Mittelalter lebt in den stillen weißen Gassen des San-Pablo-Viertels fort, dem ehemaligen Maurenviertel, wo sich zierliche Balkone über dem Kopf des Spaziergängers zu verknüpfen scheinen. Kathedralengleiche Privatkapellen, architektonische Eleganz und Luftigkeit beeindrucken um die Plaza Vázquez de Molina.
Doch vor dem ganzen Prunk verstummt nicht die gruselige Legende von der lebendig Eingemauerten in der Casa de las Torres, dem ersten Palast der Stadt mit seinen groben mittelalterlichen Wachtürmen. War sie von einem grausamen Mauren gefangen gehalten worden? War sie eine nicht mehr jungfräuliche Braut, die von ihrem frisch Angetrauten in der Hochzeitsnacht schrecklich bestraft wurde? War sie gar eine mumifizierte Heilige? Denn eines ist gewiss: Sie zeigte bei ihrer Entdeckung vor ein paar Jahren keinerlei Spuren der Verwesung. Maurenbeute, gerächte Braut, Heilige – keine sehr glücklichen Vorstellungen von spanischer Weiblichkeit.

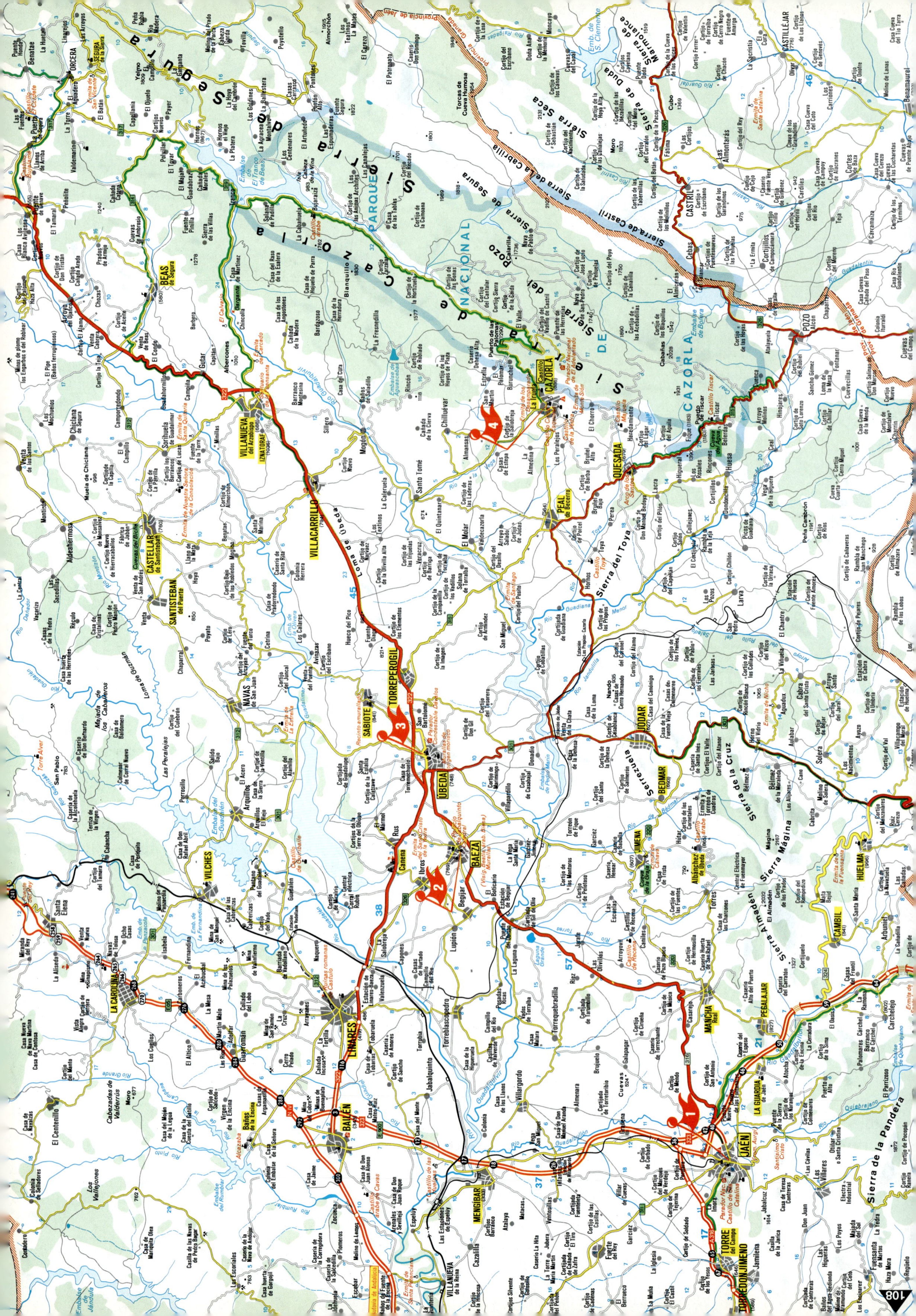

Sierra de Segura
Parque Natural de Cazorla
Sierra de Cazorla
Sierra de Castril
Sierra Seca
Sierra del Pozo
Sierra Mágina
Sierra de la Pandera
Sierra del Toya
Sierra de la Cruz
Orcera
Segura de la Sierra
Beas de Segura
Villanueva del Arzobispo
Iznatoraf
Villacarrillo
Castellar de Santisteban
Santisteban del Puerto
Chiclana de Segura
Navas de San Juan
Sabiote
Torreperogil
Úbeda
Baeza
Canena
Ibros
Rus
Begíjar
Cazorla
Peal de Becerro
Quesada
Pozo Alcón
Castril
Castilléjar
Jódar
Bedmar
Jimena
Albanchez de Úbeda
Huelma
Cambil
Mancha Real
Pegalajar
La Guardia de Jaén
Jaén
Torredonjimeno
Mengíbar
Bailén
Linares
Vilches
Arquillos
Santa Elena
La Carolina
Guarromán
Baños de la Encina
Villanueva de la Reina

Wo gibt es was?

Fähnchennummer = Textnummer ⓘ = Auskunft

Jaén ①

Weil es an der einzigen Verbindungsschneise lag, die die Sierra Morena zwischen Kastilien und Andalusien zuließ, ist die heutige Provinzhauptstadt Jaén (110 000 Einw.) eine der ältesten Gründungen überhaupt. Die Iberer legten sie zu Füßen der Sierra del Jabalcuz an, die Punier nannten sie Auringe, die Römer Auringis. Als Ort, durch den die Karawanen ziehen, Geen, bezeichneten die Mauren ihn, die Spanier machten Jaén daraus. Doch dieser Ruhm verzehrte sich im Laufe der Zeit, als man neue Routen durch die Berge und entlang der Küste fand.

Jaén ist außer seinen wundervollen Bauten und der malerischen Lage nicht viel geblieben. Mit einem Superlativ kann die Provinz jedoch aufwarten: Sie gilt als weltweit größtes Anbaugebiet für Oliven.

Sehenswert: Die *Kathedrale* (1512–1694) entstand nach Entwürfen des damals hochbegehrten Andrés de Vandelvira; sie gilt als einer der schönsten Renaissancebauten Spaniens. Geschmückt von zwei Türmen und einer Fülle von barocken Skulpturen von Pedro Roldán, die in den zahlreichen Nischen der Fassade Platz finden, verlaufen innen und außen Galerien um den Baukörper – keine andere Kathedrale hat diese Besonderheit. Maestro Bartolomé schuf das kostbare Gitterwerk aus Gold (16. Jh.), und die der ›Virgen de las Angustias‹ soll Ferdinand III. stets bei sich geführt haben (8.30–13, 16.30–19 Uhr). Das *Kathedralmuseum* enthält u. a. die Gemälde ›Unbefleckte Empfängnis‹ von Alonso Cano und ›San Lorenzo‹ von Juan Martínez Montañés. Die berühmteste Reliquie in der Kathedrale ist das Schweißtuch der hl. Veronika mit dem Gesichtsabdruck von Jesus (fr 10–12 und 18–20 Uhr).

Gegenüber der Kathedrale liegen das ehemalige Rathaus aus dem 17. Jh. und der erzbischöfliche Palast. Der *Palacio de Villadompardo* aus dem 18. Jh. beherbergt das interessante *Museum der Volkskunst und des Brauchtums* mit einer Galerie naiver Malerei. Der Palast wölbt sich über der größten noch erhaltenen arabischen Badeanlage in Spanien. Sie entstammt dem 11. Jh. und ist blendend restauriert (Plaza Luisa Marillac, tägl. 10–14 und 16–19 Uhr, sa und so nur vorm.).

Auf dem Stadthügel thront der wuchtige *Castillo de Santa Catalina*, der im 8. Jh. errichtet und nach der Rückeroberung 1246 zur mächtigsten Trutzburg Andalusiens ausgebaut wurde. Der gesamte westliche Teil wurde in die Konstruktion des Parador integriert – imposant.

Veranstaltungen: März/April: Semana Santa; 11. Juni: Fest der Schutzpatronin Nuestra Señora de la Capilla.

ⓘ Oficina de Turismo, Calle Arquitecto Berges 1, E-23007 Jaén, Tel./Fax 953222737.

Baeza ②

Das Beata der Römer ist in der Tat gesegnet, mit einer Fülle von Renaissancebauwerken nämlich. Recht früh fiel es 1227 von den Mauren an die Spanier zurück, die es schleifen ließen, weil die Bewohner sich nicht als loyal erwiesen. Die Bevölkerung flüchtete in das maurische Königreich Granada und besiedelte den Hügel Albaicín (= aus Baeza stammend).

Sehenswert: Der reiche spanische Adel engagierte berühmte Architekten für seine Paläste. Der erstaunlichste ist der *Palacio Jabalquinto* aus dem 15. Jh. Steine im Facettenschliff lassen die streng gegliederte Außenwand wirken, als sei sie mit Diamanten bestreut. Gegenüber liegt die Kirche *Santa Cruz* (1227), in die romanische Bauteile integriert wurden. Die Kathedrale wurde 1567 von Andrés de Vandelvira entworfen und hat Schmiedearbeiten von Maestro Bartolomé. In westlicher Richtung an der *Plaza del Populo* liegt das Renaissanceensemble aus altem Schlachthaus (1547) und ehemaligem Appellationsgericht (1535) mit einem römisch-karthagischen Brunnen in der Mitte und alten Stadttoren an den Rändern. Das Rathaus (1520–1523) residiert in der prächtigen Hülle des ehemaligen *Justizpalastes* mit überreicher plateresker Fassade und wertvollen Kassettendecken.

Veranstaltungen: 11.–15. Aug.: Patronatsfest der Virgen del Alcázar; 7. Sep.: Wallfahrt des Cristo de la Yedra und der Virgen del Rosell.

ⓘ Oficina de Turismo de la Junta Andalucía, Plaza del Pópulo s/n, E-23440 Baeza, Tel. 953740444.

Úbeda ③

Auch Úbeda gehört zu den früh von den spanischen Königreichen eroberten maurischen Städten, die sie dann mit ihren Adelspalästen überzogen. Wie Juwelen sind sie im Straßenraster verstreut, z. B. der schlanke, vierstöckige *Palacio de los Condes de Guadiana* und der *Palacio de Vela de los Cobos* aus dem 16. Jh. in der Calle Real. Reinste Renaissance ist der Palacio de las Cadenas mit Säulenbögen und Wappen in den Zwickeln. *Der Palacio Condestable Davalos* schwirrt heute vor Leben: Hier ist ein Parador eingezogen. Die *Casa de las Torres* (16. Jh., nur von außen anzusehen) fällt durch zwei massige Türme und ein überreich dekoriertes platereskes Portal auf. Grimmige Fabeltiere und Teufel weisen böse Geister ab, doch verhinderten sie nicht, dass man eine tote Dame hier eingemauert fand, die keine Spur von Verwesung zeigte.

Die beeindruckendste Kirche ist die Privatkapelle der reichen Familien, *El Salvador* (1536), ebenfalls im Renaissancestil und großartigen Kreuzgewölben an der Seite des Beginenklosters aus dem 16. Jh. Die *Iglesia Santa María de los Reales Alcazares* (18.–19. Jh.) erhebt sich an der Stelle der Freitagsmoschee, von der das Minarett als Glockenturm und der Patio als gotischer Kreuzgang verwendet wurden.

Veranstaltungen: Prächtige Karwoche; 24. Sept.–4. Okt.: Fest des Schutzpatrons der Stadt, des hl. Michael mit Stierkämpfen und Straßenfesten.

Einkaufen: Alfarería Tito, Plaza del Ayuntamiento. Wie ein kleines Keramikmuseum, originelle Ware.

ⓘ Oficina de Turismo, Obispo Cobos s/n, E-23400 Úbeda, Tel. 953750440.

Cazorla ④

Die Silhouette von Cazorla mit ihrem Renaissanceplatz dominiert die wuchtige Maurenburg Castillo de la Yedra. Ganz in der Nähe ragt auf einem Felsen wie ein erhobener Zeigefinger die Festung von *La Iruela* in die Höhe.

Umgebung: Cazorla ist Ausgangspunkt für Ausflüge und Besichtigungen im größten Naturpark Spaniens (200 000 ha), dem *Parque Natural Sierra de Cazorla, Segura y las Villas*. Hier sprudelt die Quelle des Guadalquivir: Die Cañada de Fuente liegt im westlichen Teil des Parks. Die Gebirgsstöcke aus fragilem Kalkstein wurden von der Erosion malerisch gedrechselt. Dichte Eichenwälder beschatten tannengrüne Stauseen (der *Embalse de El Tranco* ist mit 1,1 Mio m^3 der größte Spaniens) und fischreiche Flüsse. Das Dorado für Vögel (Adler!), Rotwild, Mufflons, Füchse und Wildschweine und die vom Aussterben bedrohte Gato montés (Bergkatze) wurde 1983 von der Unesco zum Biosphärenreservat deklariert. Infos im Besucherzentrum Torre del Vinagre, 18 km nördl. des Parkeingangs bei Cazorla (tägl. 11–14 und 17–20 Uhr) mit angeschl. Museum, Rundwanderweg für Kurzbesucher und botanischem Garten. Zahlreiche Dörfchen im Park, darunter *Segura de la Sierra*, *Beas* und *La Puerta de Segura* belegen, dass dieses Wander- und Reitparadies eine jahrhundertealte Kulturlandschaft ist. Segura besitzt die einzige rechteckige Stierkampfarena der Welt. In Beas kann man eine römische Brücke bewundern.

Veranstaltungen: Am letzten so im April: Wallfahrt zur Virgen de la Cabeza in Cazorla; 25. April: Fiesta de San Marcos Beas in Beas mit Straßenstierkampf. Im Okt.: Feria und Stierkampf in Segura in der rechteckigen Stierkampfarena.

Einkaufen: Regionales wie selbst gemachter Honig, Mandelcreme, Olivenöl, getrocknete Blüten, Blutwurst in den Dörfern des Parks.

ⓘ Oficina de Información Turística, Cuesta J. Domingo 2, E-23442 Cazorla, Tel. 953720115, Fax 953710068.

La Isleta am Cabo de Gata ist ein beschauliches Dorf mit einem Minimum an touristischen Angeboten – für Naturliebhaber ideal.

Provinz Almería – die Wüste Spaniens

Al-Mariyat, Spiegel des Meeres, war unter maurischer Herrschaft ein blühendes Handelszentrum. Die ganze Provinz Almería besitzt bis heute eine nordafrikanische Atmosphäre. Man spürt sie in der Alcazaba hoch über der Altstadt von Almería ebenso wie in der Sierra de Tabernas, wo heute riesige Solarzellen die Sonnenenergie einfangen. Im Naturpark Cabo de Gata mit seiner bizarren Küste findet der Ruhesuchende jenseits der Costa del Sol erholsame Orte und fast meditative Stille.

△ Blick von oben herab: Von der Alcazaba überblickt man Almería

Plaza Vieja und das 1899 errichtete Rathaus von Almería ▽

△ Schlichte Eleganz: die Kathedrale von Almería

△ Auf 430 Metern Länge ziehen sich starke Mauern um die Festung, die sich hoch über Almería erhebt

△ Almería besitzt sowohl lange weiße Strände ...

... als auch einen bedeutenden Fischereihafen ▽

Nirgendwo ähnelt Spanien Afrika mehr als in der Provinz Almería. Die sonnendurchglühte Landschaft scheint gänzlich aus Steinen, Felsen und Sand komponiert zu sein, die in den buntesten Farben leuchten. Tief gefurchte, hohe Berge tragen, wo der Boden nicht bewässert werden kann, nur spärliche Polster von Vegetation. Wuchtige Kuben bestimmen den Anblick des bizarren Landes mit seinen einsamen Gutshöfen und den kühnen Terrassenkonstruktionen für den Feldbau. Die Provinzhauptstadt fasziniert mit einer Silhouette, die in ihrer hellen Schlichtheit übereinander gestapelten Schuhkartons gleicht und von einer mächtigen Alcazaba gekrönt wird.

Blick von der Alcazaba

Ehrfurcht gebietend thront sie über weißen Gässchen und einem Mikadospiel aus Segelmasten, die auf dem blauen Mittelmeer zu schweben scheinen. Wer die Alcazaba erklimmt, wird zum Voyeur südspanischen Alltags, denn alles, was die Einwohner der Stadt nicht in ihren würfelförmigen Häuschen unterbringen, wird ungeniert auf die flachen Terrassen der Dächer gestapelt. Abgesehen von der bunten Wäsche versammeln sich Ziegenställe, Grills, Badewannen und Wohnzimmermobiliar zu einem ungewöhnlichen Miteinander. Der Lupenblick auf das Fischer- und Zigeunerviertel ist wahrlich amüsant. Zur anderen Seite hin offenbart sich die Gnadenlosigkeit einer wasserlosen Landschaft. Für den weiten Blick wählt man aus dem Ensemble der Gebäude, Wehrtürme und Gärten der Alcazaba am besten das Fenster der Odaliske, ein Stück grob gefügte Mauer mit einer leeren Fensteröffnung darin – von dort wirkt alles so schön surreal.

Hinabgestiegen in die Provinzhauptstadt, verliert man sich schnell in ihrem sympathischen gemächlichen Tempo. Der lebhafte samstägliche Straßenmarkt, der von Zigeunern beschickt wird, ein Schwatz in einer alten Seilerei, die Verabredung zum Fino in der Casa Puga oder zum Schwimmen an den Stadtstränden und das Flanieren entlang des Paseo de Almería in der Innenstadt sind dazu da, den Alltag zu verschönern.

△ Karl May hätte seine Freude gehabt: Mini-Hollywood in der Sierra de Tabernas

Authentische Mitbringsel sind auch die Flechtwaren aus Espartogras ▽

△ Wie viele andalusische Dörfer glänzt auch Nijar mit blendend weißen Fassaden und buntem Geranienschmuck

△ Daneben ist Nijar in Andalusien als Keramikdorf in aller Munde

Nijar liegt eingebettet in der Sierra de Alhamilla ▽

△ Calar Alto: Auf 2168 Metern Höhe befindet sich das größte Spiegelteleskop Europas

Trocken: die Sierra de Tabernas ▽

Karges Land, dem Himmel nah

Die lange Besiedelung der Provinz – man fand Spuren von Metallverarbeitung von vor 40 000 Jahren – ist aber nicht gleichbedeutend mit Reichtum. Almería galt über lange Zeit als Armenhaus und ist ungleichmäßig bewohnt. In den gebirgigen Regionen der Sierra de Alhamilla und der Sierra de Gata mühen sich einige Bauern, der Erde Grünes abzuringen.

Auf höchste Weise malerisch liegen wenige weiße Gutshöfe und Dörfchen zwischen den Gipfeln und Graten verstreut. Auch Liebhaber archaischer, einsamer Landschaften kommen hier auf ihre Kosten. Feigenkakteen und die grünen Fächer der Agaven sprenkeln das Rot, Hellbraun, Kakao-, Graphit- und Elfenbeinfarbene der Berge. Eigentlich ist es erst richtig schön, wenn die Sonne sinkt, deren harsche Konturen etwas mildert und Schattenspiele auf die Felsen zaubert. Dann erkennt man die filigrane Meisterarbeit, die in dem Terrassenfeldbau steckt, der das Landesinnere beherrscht.

Wo die Erde so trocken ist, da liegt der Himmel ganz nah. Nördlich von der Stadt Gérgal an den Abhängen der Sierra de los Filabres wurde in spanisch-deutscher Kooperation eine Sternwarte mit Europas größtem Spiegelteleskop eingerichtet: das Observatorio Calar Alto auf 2168 Metern Höhe.

Wildwestromantik

In der Sierra de Tabernas, dem westlichen Ende der Sierra de Alhamilla, fallen jährlich nur 150 Millimeter Niederschlag. Die außergewöhnliche Gegend eignet sich also nicht für den Ackerbau: Da sie fast so aussieht wie Karl May den Wilden Westen beschreibt, kamen findige Filmscouts auf die Idee, sie als Kulisse für Wildwestfilme zu nutzen. Richtige Filmstädtchen wurden zwischen die Felsen in den Sand gesetzt, ›Mini-Hollywood‹ und ›Texas-Hollywood‹, Kosten sparend von vorne als Wildwestdorf, von hinten als mexikanischer Pueblo zu nutzen. Galgen, Banken, Saloon, Bestattungsinstitut, Brunnen: Alles ist da, was das Klischee begehrt. Wer will, erklimmt den Rücken eines Pferdes und erkundet die Gassen.

△ Der Leuchtturm auf dem Felsen am Cabo de Gata ... ... und der Schäfer, der dort seiner Arbeit nachgeht ▽

Alte Windmühle zwischen San José und der Playa de los Genoveses ▽

△ Das größte Kapital im Naturpark Cabo de Gata ...

△ ... sind die Salinenfelder im Westen

Herrlich sind die einsamen Strände ▽

Töpferware für Urlauber

Eigentlich sind Sorbas und Nijar zwei kleine, ruhige Ortschaften am Rande der Sierra de Alhamilla, in denen schon immer Keramik gebrannt wurde. Der wachsende Tourismus und die damit steigende Nachfrage nach Souvenirs haben die dörfliche Produktion mittlerweile auf Hochtouren gebracht. In Nijar und mehr noch in Sorbas mit seinen hängenden Häuschen, die an einer Felskante kleben und recht weltverloren wirken, dreht sich alles um die Töpferscheibe, und wer will, kann nicht nur erwerben, sondern bei der Herstellung zusehen.

Einsame Strände

Besonders gut erschlossen sind weder die Sierra de Gata noch das Cabo de Gata am Golf von Almería. Das blanke Gegenteil ist der Fall. Wenn man in El Pozo de los Frailes den Schöpfbrunnen sieht, dann ist dies ein stimmiges Bild für die Region. Die Küste säumen teilweise wunderschöne Strände. Einsame, versteht sich. Nur San José ist da etwas lebhafter. Der kleine Ort bietet eine Auswahl an Unterkünften und besitzt einen der schönsten Strände der Gegend, die palmenbestandene Playa de los Genoveses. Früher wurde bei Rodalquilar Gold gewaschen, und die Chemikalien, die man damals benutzte, haben die Erde tief gerillt.

Landwirtschaft leicht gemacht

Ein ganz anderes Bild ergibt sich weiter im Westen. Hier entstand ein Tourismus à la Costa del Sol mit Hotelburgen und Souvenirläden. Und seitdem man auf die Idee kam, Plastikplanen über die Obst- und Gemüsesaaten zu spannen, gedeiht aller Trockenheit zum Trotz alles prächtig. Unter den weit ausgebreiteten Kunststoffplanen sammelt sich die Verdunstungsfeuchtigkeit, die allein die Bewässerung von Tomaten, Gurken, Paprika, Kürbissen und Melonen besorgt. Diese Methode eignet sich für Großbetriebe, aber auch für Familien, denn sie ist nicht allzu arbeitsintensiv. Über das Aussehen der Landschaft ließe sich sicherlich diskutieren, aber der wirtschaftliche Gewinn ist immens. Und das zählt.

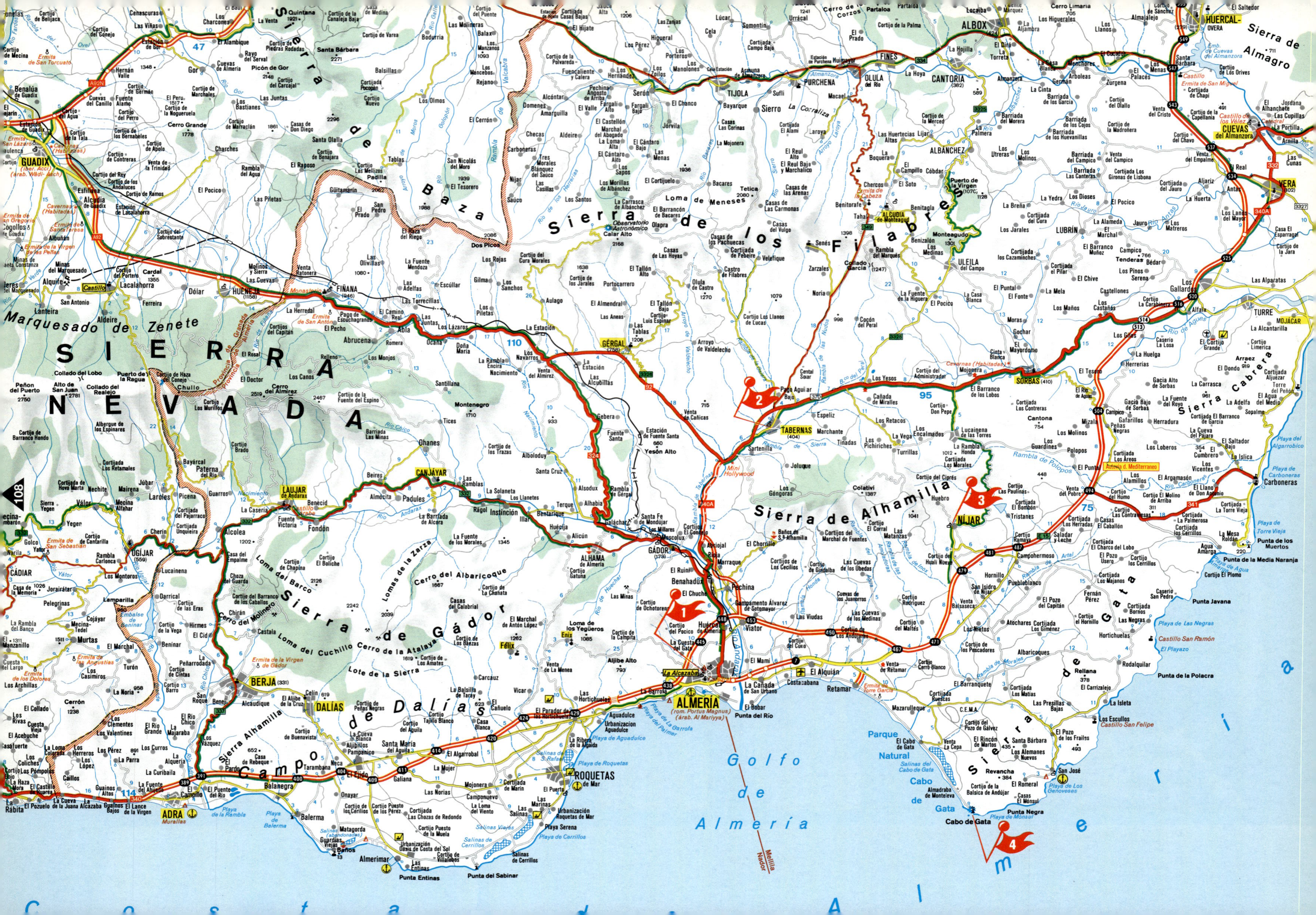
SIERRA NEVADA
Marquesado de Zenete
Sierra de Baza
Sierra de los Filabres
Sierra de Alhamilla
Sierra de Gádor
Campo de Dalías
Sierra Cabrera
Sierra de Almagro
Golfo de Almería
Cabo de Gata
ALMERÍA
GUADIX
ROQUETAS de Mar
ADRA
BERJA
DALÍAS
TABERNAS
NÍJAR
SORBAS
GÉRGAL
FIÑANA
LAUJAR de Andarax
CANJÁYAR
ALHAMA de Almería
GÁDOR
CUEVAS del Almanzora
VERA
MOJÁCAR
TURRE
Carboneras
HUERCAL-OVERA
ALBOX
CANTORIA
OLULA del Río
FINES
PURCHENA
TÍJOLA
UGÍJAR
CÁDIAR
Melilla
Nador
108

Wo gibt es was?

Fähnchennummer = Textnummer ❶ = Auskunft

Almería ①

Die Provinzhauptstadt (155 000 Einw.) ist vom Tourismus geprägt und von intensivem Obst- und Gemüseanbau – unter landschaftsverschandelnden Plastikplanen.

Die nördlichste Küstenprovinz blickt auf die längste Besiedlungstradition zurück, wurden hier doch verschiedene jungsteinzeitliche Kulturen nachgewiesen. Die Iberer sind daraus hervorgegangen. Bis auf die eindrucksvolle Alcazaba über dem Meer prangt Almería mit vergleichsweise wenigen historischen Bauwerken, lebt von der Hafenatmosphäre und ist Eingangsschneise für viele erstaunliche Landschaftserlebnisse.

Geschichte: Phönizier, Griechen und Karthager nutzten den günstigen Standort am Mittelmeer. Ertragreiche Gold-, Silber- und Kupferminen durchzogen die Berge im Umkreis und machten sie begehrenswert. Die Römer bauten es zum Portus Magnus aus und koordinierten hier ihre mittelmeerischen Handelsverbindungen. Im 7. Jh. eroberten es die Westgoten, wenig später dann die Mauren. Das maurische Al-Mariyat, Spiegel des Meeres, erhielt eine funktionstüchtige Hafenanlage und 955 die Alcazaba. Nach einem kurzen Intermezzo in kastilischer Hand festigte es sich erneut unter der Herrschaft der Nasriden als maurisches Bollwerk, bis diese 1488 von den Katholischen Königen vertrieben wurden.

Sehenswert: Die kräftig restaurierte Alcazaba mit dreifachem, zinnengekröntem Mauerring. Gartenanlagen, maurische Wohntrakte, eine Moschee und Bäder sind anhand von Mauerfragmenten zu identifizieren, unter katholischer Herrschaft hat ein Waffenplatz überlebt, ebenso wie die maurische Torre del Homenaje aus dem 15. Jh. Von hier aus genießt man einen schönen Blick auf das Fischer- und Zigeunerviertel La Chanca sowie auf die wüstenhafte Landschaft der Umgebung.

Die Straße Almedina erinnert an die arabische Stadt, die sich dort einmal befunden hatte, und auf den Mauern einer Mezquita wurde die Iglesia San Juan 1560 erbaut. In ihrem Innern gibt es immer noch die Gebetsnische Mihrab zu sehen, die 965 eingelassen wurde. In der Iglesia Santo Domingo wird das Bildnis der Schutzpatronin der Stadt, der Virgen del Mar aufbewahrt, das hier ans Ufer geworfen worden sein soll. Der Renaissancearchitekt Juan de Orea hat das Portal der Iglesia de Santiago el Viejo 1553 entworfen, ebenso wie die kostbar dekorierten Portale der Kathedrale mit ihren glatten und nahezu schmucklosen Mauern. Im 16. Jh. errichtet, thront auch sie auf den Mauerresten einer Moschee.

Wem der festungsähnliche Charakter des Gebäudes mit vier groben Wachtürmen auffällt, täuscht sich nicht; Piratenüberfälle ließen die Kathedrale zum Zufluchtsort der Bevölkerung werden. Juan de Orea entwarf auch das wertvolle Chorgestühl aus Walnussholz, Alonso Cano steuerte eine ›Virgen de la Piedad‹ bei.

Aktivitäten: Westl. der Stadt ausgedehnte Sandstrände, mit öffentlichen Verkehrsmitteln zu erreichen; Golf in Almerimar und Roquetas del Mar östl. von Almería.

Veranstaltungen: Am ersten So im Jan. und vom 22. bis 31. Aug.: Wallfahrt der Virgen del Mar; 24. Juni: Johannisfest; 25. Juni: Patronatsfest des hl. Antonius; Stadtteilfeste am 24. und 25. Okt.; Aug.: Feria mit Stierkämpfen.

Umgebung: In der *Sierra de Gador* hat *Huécija* eine Mudejarkirche aus dem 16. Jh. In einigen Ortschaften kann man Gegenstände aus Espartogras erwerben, dem traditionellen Flechtmaterial. Auch die *Sierra de Alhamilla* ist mit ihrer Wüstenlandschaft ein eindrucksvolles Ausflugsziel. *Roquetas de Mar* (ca. 15 km westl.), ein ehemaliger Fischerort, ist mit Yachthafen und Sportzentrum zum beliebten touristischen Ziel geworden.

❶ Oficina de Turismo, Parque Nicolás Salmerón/Campos, E-04004 Almería, Tel. 950274355, Fax 950274360, im Flughafen Tel. 950221954.

Tabernas ②

Das freundliche und gemütliche Städtchen liegt an der Schnittstelle zwischen den wüstengleichen Gebirgszügen und fruchtbaren, bewirtschafteten Flussauen und wird von den Ruinen einer arabischen Alcazaba überragt. Als Kontrast zu seiner staubtrockenen Umgebung prangen die Balkone in sattem Grün und Blumenschmuck.

Doch bedeutsamer sind die Felsen um die Ecke, denn sie boten einmal die geeignete Umgebung für Westernfilmproduktionen. Das begann in den 1960er-Jahren, als die Drehtage in dem verarmten Südspanien wesentlich billiger zu Buche schlugen als in den USA. Das Kulissenstädtchen ›Mini-Hollywood‹ stammt aus dieser Zeit, und es duckt sich vor den in allen erdenklichen Wüstentönen schillernden Felslandschaften. Die US-Nachfrage hat nachgelassen, und deswegen gibt man jetzt hier Western- und Tiershows (tägl. 10–19 Uhr). ›Texas-Hollywood‹ bietet dasselbe. Beide sind südlich von Tabernas über ausgeschilderte Abzweigungen zu erreichen.

Umgebung: Auf dem 2168 m hohen *Calar Alto* in der *Sierra de los Filabres*, rund 25 km nördl. von Gérgal, befindet sich die größte Spiegelteleskopanlage Europas, eine Kooperationsarbeit zwischen Deutschland und Spanien. Besichtigung nur von außen, Information zu Aufenthalten unter www.mpia-hd.mpg.de

Nijar ③

Nijar hat als Stadt der Töpfer einigen Ruhm erworben. Hier kann man tatsächlich originelle Sachen erstehen. Es liegt malerisch über zwei Felsplateaus verteilt. Der untere Teil wurde von den Keramikwerkstätten in Beschlag genommen, oben breitet sich die Altstadt mit einer hübschen, von Platanen bestandenen Plaza aus. Schön für eine Pause zum Kaffeetrinken.

Umgebung: Eine dramatische Bergstrecke durch Wüstenlandschaften führt nördl. über *Lucainena de las Torres* (AL 102) auf die N 370 zum Dörfchen *Sorbas*, für seine über dem Tal des Río de Aguas hängenden Häuschen und seine Töpferwerkstätten bekannt. Hergestellt werden hier auch die traditionellen Alpargatas, Schuhe aus Espartogras, und Schmiedearbeiten. Aufgepasst: Alle machen Mittagspause.

Cabo de Gata ④

Der 26 000 ha umfassende Naturpark im Südosten Andalusiens mit der Sierra de Gata im Hinterland ist aus halbtrockenem Vulkangestein und einem Dünen- und Salinengürtel entlang der Küste komponiert. Das Gebirge stürzt teilweise Aufsehen erregend ins Meer, und zwischen den Klippen ruhen feinste Badebuchten. Viele endemische Pflanzenarten konnten sich hier halten, u. a auch die Zwergpalme. In den feuchteren Gebieten wachsen Binsen und Schilfrohr. Eine reiche Vogelwelt bevölkert die Küsten. Schön sind die Flamingos in der Nähe von Cabo de Gata anzusehen, einer Ortschaft, die selbst allerdings größerer Reize entbehrt. Nördlich des Ortes fallen große Ebenen mit Salinen auf. Die attraktiven, langen Strände des Naturparks, teilweise mit dunklem, vulkanischem Sand bedeckt, zählen zu den Geheimtipps für Urlauber, die Einsamkeit lieben. Der Naturpark erlaubt touristische Nutzung, aber nur, solange sie nicht mit seinen Statuten in Konflikt gerät. Gut ausgebaute Straßen findet man eher selten. Von Cabo de Gata führt eine Piste zu dem Leuchtturm an der Kapspitze hinauf: Der Panoramablick ist faszinierend.

Umgebung: Im ehemaligen Fischerort *San José* ist ein bescheidenes touristisches Zentrum mit Hotels, Pensionen, Restaurants und einem kleinen Yachthafen entstanden. Wenn man nicht jeden Tag Abwechslung, Shoppingmöglichkeiten und Luxushotels sucht, ist man hier richtig. In der Nähe liegen die auch für Schnorchler sehr schönen Strände *Playa de los Genoveses* und *Playa de Monsul*, die man zu Fuß erreichen kann. Bei *Rodalquilar* wurde früher Gold gewaschen. In *La Isleta* gibt es einen Strand und eine nette Pension mit einem empfehlenswerten Fischrestaurant.

Alhambra: Natur und Architektur verbinden sich wohl nirgends so perfekt wie in den arabischen Gärten des Generalife.

Granada und das Erbe der Mauren

Sein maurisches Erbe hat Granada nie ganz abgestreift. Man sieht es an den Landschaftsterrassen am tief eingeschnittenen Tal des Gebirgsflusses Poqueira; es nistet in den Jasminbüschen des Gartens Generalife und wohnt in dem anmutigen Fliesenschmuck der Nasridenpaläste der Alhambra. Der Lyriker und Dramatiker Federico García Lorca pflegte zu sagen, er sei in dem Königreich Granada zur Welt gekommen. Die Metapher becirct. Doch an seinem Geburtstag am 5. Juni 1898 gab es (wie heute) lediglich das Königreich Spanien, das gerade seine letzte Kolonie Kuba an die USA verloren hatte.

Kunstvolle Steinmetzarbeiten ... ▽

△ Maurische Gartenarchitektur: Patio de la Acequia des Generalife

Einst das Zentrum des Palastlebens: Patio de Arranyanes ▽

... in der Alhambra von Granada ▽

△ 12 Löwen tragen das Wasserbecken im Patio de los Leones

Ein Gartentraum: Patio de la Acequia des Generalife ▽

Wenn kleine andalusische Mädchen nicht brav sind, droht man ihnen mit der Bruja, der Hexe, die sie in die Höhle des Maurenkönigs stecken werde. Die Höhle liegt der Legende nach verborgen in den Alpujarras, dem Vorgebirge der Sierra Nevada. Dieses tief gefurchte, mit Kork- und Steineichenwäldern bedeckte Land bekam der letzte Nasridenfürst Boabdil als Lehen zugesprochen, nachdem ihn die Katholischen Könige 1492 aus Granada vertrieben hatten. Seine sagenhaften Schätze nahm er mit. Und da lagern sie, unentdeckt, ungehoben, in Höhlen, umwittert von Rätseln und Spekulationen.

Poeten in der Alhambra

Granada war die letzte Bastion der Mauren, als das übrige Al-Andalus schon längst wieder katholisch geworden war, und sie hat durchaus etwas Königliches. Das ist auch der Grund, warum Romantiker des 19. Jahrhunderts sie zu ihrem privaten Wallfahrtsziel erklärten: Der Nordamerikaner Washington Irving machte 1832 den Anfang, als er die Alhambra wieder entdeckte.
Kaum zu glauben, dass dieses märchenhafte Palastgelände, heute ein Kulturerbe der Menschheit, damals der kollektiven Vergessenheit anheim gefallen war. Der Volksmund hatte verbreitet, es würde von Gespenstern bewohnt. Nur die robusteren Gemüter der Zigeuner vertrugen diese vermeintliche Nachbarschaft und schlugen oben auf dem Alhambrahügel ihre Wohnlager auf. Auch hatte Napoleon die Alhambra aus dem Bewusstsein der Bewohner Granadas katapultiert, als unter seiner Besatzung Teile des Bauwerks in die Luft gesprengt wurden. Den unerschrockenen Irving (1783–1859) störte dies nicht. Er bezog Zimmer im Maurenpalast und verfasste die unvergleichlichen ›Geschichten von der Alhambra‹.
Der mexikanische Dichter Francisco de Icaza tat das Seinige, um den Ruhm der Stadt zu mehren: ›Gib ihm ein Almosen, Frau, denn nichts im Leben ist schmerzlicher, als blind zu sein in Granada‹, schwärmte er. Man findet sein Bonmot heute auf Postkarten gedruckt und auf blu-

△ Der Innenraum der Kathedrale von Granada lässt ihre Größe nur erahnen

Kuppel der ehemaligen Koranschule, der Medrese, in Granada ▽

△ *Azulejos und feinste Ornamentik zieren ...* *... die Nasriden-Paläste der Alhambra* ▽

Granada ist bekannt für seine Gitarrenbauer: Bellido in der Calle de Molinos ▽

menverzierte Souvenirs gemalt. Es schmückt als Fliesenmotiv die Torre de la Vela in der alten Befestigung Alcazaba – natürlich auf dem Gelände der Alhambra.

Dort muss der mexikanische Poet auch gestanden haben, als ihm sein Vers einfiel, denn von dort aus erfasst man die Grandezza von Granada mit einem Blick. Über drei Hügel sind die Häuser der Stadt verteilt, was die Spaziergänge in ein kleines sportliches Ereignis verwandelt. Den Sabika krönt die Alhambra, zur Seite und im Rücken erheben sich Albaicín und Sacromonte.

Leben auf dem Albaicín

Aus dem monotonen Zimtton des Sacromonte leuchten die weiß getünchten Zugänge zu den Höhlenhäusern der Zigeuner, die dort ihre Flamencobühnen betreiben und Tarotkarten legen. Hellbraune Schindeldächer, weiß gekalkte Mauern und lilafarbene Bougainvillea sind auf dem Albaicín zu Hause, der ehemaligen Wohnstatt der moslemischen Familien, die im 13. Jahrhundert aus den katholisch gewordenen Gebieten Spaniens hierher flüchteten. Heute reißt man sich um ein Grundstück auf dem ehemals volkstümlichen, kleinbürgerlichen Albaicín. Es gilt als schick, in diesen schmalen Gassen zu wohnen, die noch den städtebaulichen Abdruck des Mittelalters tragen.

Oben auf seinem Gipfel öffnet sich die Plaza Larga, ein baumbestandenes Rechteck, das trotz seines Namens doch recht klein ist. An ihrer Seite die arabische Torre de los Pesos (Torbogen der Gewichte), die den Eingang für Händler markierte, die ihren Wegezoll entrichten mussten. Handwerker wohnten auf dem Albaicín, das Glasofengässchen und das Goldgässchen stammen aus dieser Zeit. Sie säumen den Hügelsockel. Der goldführende Fluss Darro taucht hier aus seiner Untertunnelung wieder ans Tageslicht. Durch die halbe Stadt zieht sich sein Zementgefängnis, das man ihm baute, um seiner Ungebärdigkeit Herr zu werden. Der zweite Fluss von Granada, der Genil, ist da wesentlich friedlicher. ›Als der Darro sich dem Genil vermählen wollte, brachte er die Plaza Nueva und die Calle

△ Abendliche Konzertveranstaltungen, ...

△ ... Kneipen und Cafés ...

△ ... ziehen die Granadener am Wochenende in die Ausgehviertel der Stadt

Balkon im Albaicínviertel – die grüne Jalousie muss sein ▽

Juan Fajardo hat ein Herz für Antiquitätensammler ▽

△ Begehrte Wohnstatt: Blick auf den Albaicín

Beim Spazierengehen durch die bunten Gassen findet jeder ein Souvenir ▽

Zacatín gleich mit‹, spottet ein bekanntes Sprichwort über die Überschwemmungen des ersteren. Köstliche Kühle schwebt über den Cafés auf den Uferterrassen. Die Carrera del Darro ist beliebtes Ausgehziel, vor allem am Wochenende, wenn die Motorroller durch das enge Sträßlein heranbrausen und Kundschaft die Kneipenszene bestürmt. In den Tapas-Bars brennen Weihrauchstäbchen, und die Wirte bieten zum Fino rohe Erbsenschoten an.

Luftiger Hügel: Sabika

Die Schlucht des Darro teilt den Albaicín von dem Sabika, auf dem die Alhambra thront. Durch lauschige Wälder abgesetzt, breitet sie sich oben auf seinem Plateau aus. Die Nasridenpaläste in ihrem Innern sind das bezauberndste Spiegelbild der Synthese von maurischer Baukunst und islamischer Glaubenswelt, das man sich nur vorstellen kann. Die Handwerker und Künstler waren unvergleichlich einfallsreich. Stuckverzierungen gleichen Brüsseler Spitzen, die verschlungenen Buchstaben des Arabischen bedecken wie grazile Arabesken Fliesen in tiefsten Blau- und Grüntönen, von ziselierten und gerillten, grazilen Säulen gesäumte Innenhöfe bewachen ruhige, elegant proportionierte Wasserbecken. Die Alhambra ist ein Traum.

Arabien liegt nahe

Teestuben, arabische Bäckereien, Parfümläden und marokkanische Restaurants säumen die Treppenstufen der Cárcel Baja und Calderería Vieja. Junge Männer in nordafrikanischen Kaftans sind dort kein ungewöhnlicher Anblick. Der angesehenen spanischen Tageszeitung ›El País‹ ist es Leitartikel wert: Immer mehr Andalusier konvertieren zum Islam. Mit einer Petition haben sich die moslemischen Einwohner Granadas 1999 an die Stadtverwaltung gewandt, um das Recht zu erwirken, ihr traditionelles Aid-al-Kabir, das Lammfest, auch traditionell zu begehen – mit der Schächtung der Tiere nämlich, die unter spanischem Gesetz als Tierquälerei eingestuft wird. Man feierte es öffentlich und spektakulär auf dem Aussichtsplateau San Nicolás, wo man die schönste Sicht auf die Alhambra genießt.

△ Eine Wanderung zum Pico de Veleta in der Sierra Nevada ist in Andalusien fast nicht zu toppen

△ Der kleine Ort Pampaneira diente schon als Filmkulisse

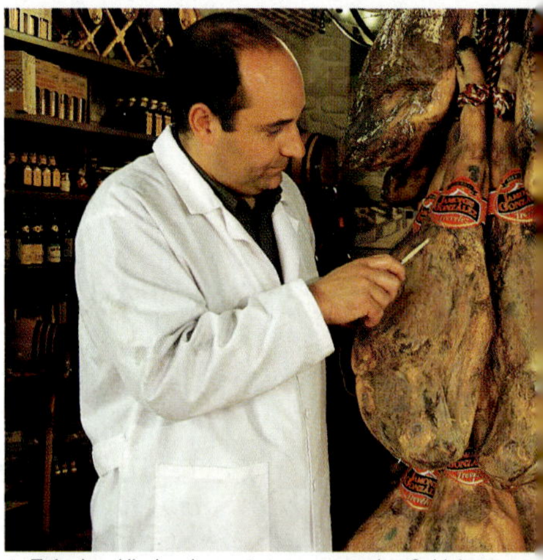

△ Trévelez: Hierher kommt man wegen des Schinkens

Schafwirtschaft in der Gegend von Guadix ▽

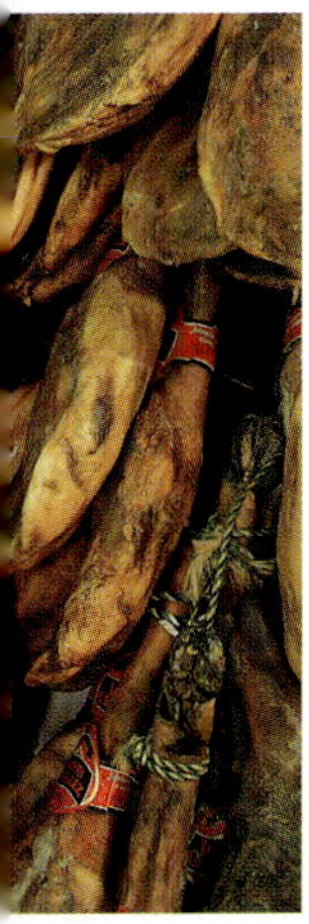

△ Kleine Bergdörfer wie Pampaneira ... ... und Bubión liegen inmitten der Sierra Nevada ▽

›Der letzte Seufzer des Mauren‹

Suspiro del Moro, so nennt man einen Ausblick, von dem aus Boabdil, der letzte Fürst der Nasriden, einen allerletzten Blick auf die Stadt geworfen haben soll, die er 1492 nach langer Belagerung kampflos den Katholischen Königen ausgeliefert hatte. Doch die hielten sich nicht an das ihm zuvor gegebene Versprechen, den moslemischen Glauben zu tolerieren. Vor der neu eingesetzten spanischen Inquisition flohen die Mauren über den Suspiro del Moro in die unwegsame Gebirgsregion der Alpujarras. Dort verschwanden sie, sagt man. Ins Unterirdische?

In den Alpujarras

Dem ungezähmten Landschaftsbild der Alpujarras haftet bis heute etwas Archaisches an. Feldterrassen sind in steil abfallende Hänge geschnitten, die von Gebirgsflüssen getrennt werden. Die eigenwillige, unverwechselbare Architektur der Alpujarrahäuser, Kuben aus Stroh und Lehm, wo die Körperwärme der Kühe in den Ställen des Erdgeschosses die Stube im ersten Stock heizt und Terrassen die Übergänge bilden, ist sehr schön in Pampaneira und Bubión erhalten. In die gepflasterten schmalen Gassen passt kein Autoverkehr, höchstens Maultiere und Esel treten die Steine platt, und Frauen sortieren Oliven unter weit gespannten Sonnensegeln. Wo wäre da Platz für Verkehr, Abgase und Motorlärm?

Die Fremden indes empfängt man schon, stellt wacklige Stühlchen vor das Haus und serviert den ›Plato Alpujarreño‹ mit arabisch süß gewürzter Blutwurst, Bratkartoffeln und ähnlichen Kalorienbomben. Eine weitere Spezialität hat die Grenzen der Region längst gesprengt: Der Schinken des Bergdorfes Trevélez ist von unvergleichlichem Aroma, denn die Luft, die ihn trocknet, ist winterlich und pur. Im Vergleich zum Bekanntheitsgrad seines Schinkens ist das Dörfchen geradezu herausfordernd unmodern. Die Schinkentouristen werden in den Lokalen an der Hauptverkehrsstraße abgespeist, ohne auch nur einen Fuß in den Bauernort gesetzt zu haben.

△ Nerja besitzt noch relativ ursprüngliche Strände

△ Das kleine Frigiliana ist einen Ausflug von Nerja aus wert

△ Ökologischer geht es nicht: ... ... Höhlenwohnungen in Guadix ▽

△ Aussichtsplattform des Balcón de Europa in Nerja ... ... mit Blick auf eine der schönen Badebuchten der Küste ▽

Leben wie ein Maulwurf

Die Alpujarras sind nicht das einzige (Mauren-)Versteck in der Provinz Granada. In dem recht eleganten Guadix könnte man zum Beispiel in der örtlichen Tageszeitung lesen: ›Vermiete Wohnhöhle, unterirdisch, vier Zimmer, Garten, Tennisplatz‹. Oder: ›Verkaufe Hügel, fertig zum Graben, Blick auf die Sierra‹. Das Gelände der Wohn- und Felsenhöhlen – etwa zehn Prozent der 20 000 Einwohner von Guadix lebt in ihnen – ähnelt einem gigantischen, von Maulwurfshügeln besetzten Rasen, aus dem weiße Lehmschornsteine ragen. Und die Bewohner leben nicht schlecht. Es ist kein Zeichen von Armut, im Barrio de Santiago in einer Höhle zu wohnen. Umweltbewusste Architekten loben diese Wohnform, die ohne Heizung und Klimaanlage auskommt. Existiert hat sie, so wird spekuliert, bereits in römischer Zeit. Später haben dann Mauren und Juden Wohnungen in das weiche Löss- und Kalkgestein gegraben.

Durch die Berge an die Küste

Nur 48 Kilometer trennen Granada von der Costa Tropical. Früher war dies ein beschwerlicher Weg, denn die Alpujarras bildeten eine nicht leicht überwindbare Barriere. Nun ist eine wahrhaft atemberaubende Straße in das Gebirge zur Hafenstadt Motril geschnitten worden. Auf den kiesigen Stränden hinter dem weißen Dorf Salobreña mit seinem zartbraunen Kastell sonnen sich Granadas Jugendliche auch schon an Ostern, wenn sie ihre Skikurse in der Sierra Nevada absolviert haben.

Passiert man die Felder mit Tabak, Zuckerrohr und Chirimoya, gelangt man zum zauberhaft platzierten Badeort Nerja. Einer der beliebtesten Ausflüge von hier aus ist die Wanderung ins sechs Kilometer entfernte Frigiliana hoch oben in den Bergen, ein Idyll mit einem winzigen ehemaligen Judenviertel und kleinen Kneipen, in denen maurische Gerichte wie Zickleinkroketten in Honig auf der Tageskarte stehen. Königreich Granada? Ja, der Dichter hat Recht. Der Glanz der Nasriden, das Erbe der Mauren haben diese Provinz unverkennbar geprägt.

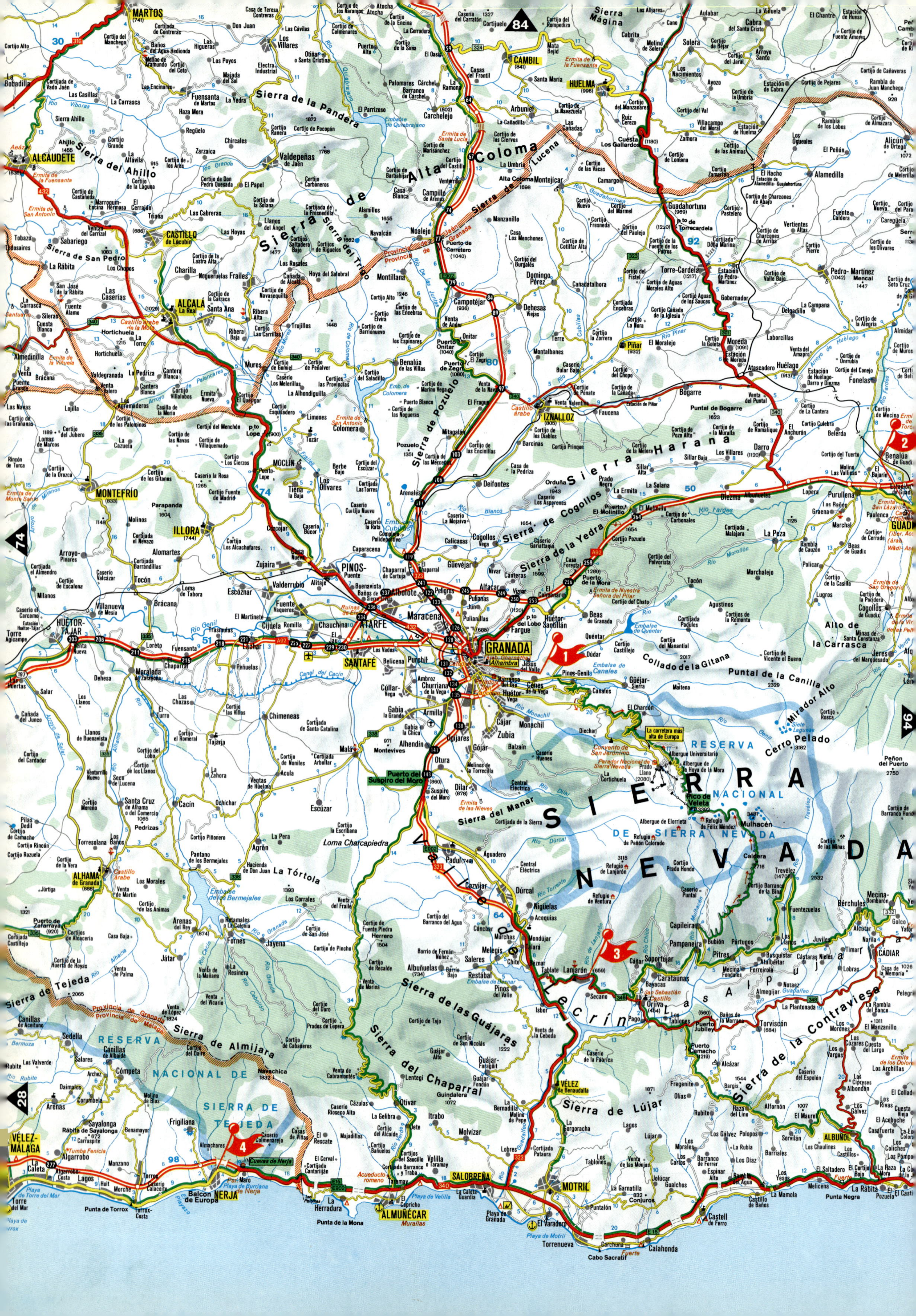
84
74
94
28
GRANADA
Alhambra
MARTOS
ALCAUDETE
ALCALÁ la Real
CASTILLO de Locubín
MONTEFRÍO
ILLORA
CAMBIL
HUELMA
IZNALLOZ
Piñar
Guadahortuna
HUÉTOR-TÁJAR
SANTAFÉ
ATARFE
PINOS-Puente
Maracena
Albolote
ALHAMA de Granada
VÉLEZ-MÁLAGA
NERJA
Cuevas de Nerja
ALMUÑÉCAR
SALOBREÑA
MOTRIL
ALBUÑOL
VÉLEZ de Benaudalla
Órgiva
Lanjarón
Dúrcal
Padul
Pinos-Genil
Güéjar-Sierra
Monachil
CÁDIAR
Purullena
Sierra de la Pandera
Sierra de Alta Coloma
Sierra del Ahillo
Sierra de San Pedro
Sierra de Pozuelo
Sierra Harana
Sierra de Cogollos
Sierra de la Yedra
Sierra Mágina
SIERRA NEVADA
RESERVA NACIONAL DE SIERRA NEVADA
Pico de Veleta
Mulhacén
Cerro Pelado
Mirador Alto
Puntal de la Canilla
Collado de la Gitana
Alto de la Carrasca
Sierra del Manar
Valle de Lecrín
Loma Charcapiedra
La Tórtola
Sierra de las Guájaras
Sierra del Chaparral
Sierra de Lújar
Sierra de la Contraviesa
La Alpujarra
Sierra de Tejeda
Sierra de Almijara
RESERVA NACIONAL DE SIERRA DE TEJEDA
Embalse de los Bermejales
Embalse de Quéntar
Embalse de Canales
Puerto del Suspiro del Moro
La carretera más alta de Europa
Punta de Torrox
Punta de la Mona
Cabo Sacratif
Calahonda
Castell de Ferro
La Herradura
Torrenueva
Playa de Granada
Balcon de Europa
Rio Genil
Provincia de Granada
Provincia de Jaén
Provincia de Málaga

Granada ①

Die heutige Alhambra-Stadt (270 000 Einw.) errang unter maurischer Herrschaft erstmals an Bedeutung in Al-Andalus, war Sitz einer Taifa (Teilkönigreich) und später dann Kastiliens Vasallenstaat. Als letztes maurisches Königreich kapitulierten die Nasriden 1492 kampflos vor den Katholischen Königen, um das Leben der Moslems nicht zu gefährden – was ihnen nicht gelang.
Wirtschaftlich konnte Granada nie mit Sevilla und später Cádiz konkurrieren. Die Landwirtschaft, die zu Beginn des 20. Jh. durch neue Bewässerungsanlagen Aufschwung erfuhr, sowie der Tourismus haben viel zur heutigen Bedeutung Granadas beigetragen. Das reiche Kulturangebot der Universitätsstadt ist dafür bezeichnend.
Sehenswert : Direkt zu den Parkplätzen oberhalb der Alhambra führt eine Autobahnabfahrt, wo sich auch die einzigen Kassenhäuschen befinden. Die aus braunrotem Sandstein gebaute ›al-Medinat al-hambra‹ (rote Burg) besteht aus einer Alcazaba aus dem 13. Jh., dem Palast Karl. V. (Baubeginn 1527), einem zum Parador verwandelten Franziskanerkloster und den Generalifegärten, doch das Herzstück bilden die Nasridenpaläste aus dem 14. und 15. Jh.: eine Flucht von elegant geschnittenen, kunstvollst verzierten und kostbar dekorierten Gemächern und Innenhöfen (Patio de Mexuar, Cuarto Dorado, Sala de Embajadores, Patio de los Leones, Sala de los Abencerrajes, Sala de los dos Hermanas, Mirador de Daraxa). Die anmutig angelegten Generalifegärten der Alhambra umschlossen einst die Sommerresidenz der Kalifen (mo–sa 9–20, so 9–18 Uhr, di, do, sa auch 22–24 Uhr für Light-and-Sound-Vorstellungen). Der Renaissancepalast Palacio de la Audiencia und die zierliche, kostbare Mudéjarkirche Santa Ana (1537) liegen sich an der Plaza Nueva schräg gegenüber.
Zweiter Besichtigungsschwerpunkt: die Kathedrale, ab 1523 errichtet (die Westfassade kam erst 1669 hinzu) mit der Capilla Real (1504), der alten Koranschule und dem ehemaligen Seidenmarkt Alcaicería. Spätgotik und Renaissance mischen sich bei der Fassadengestaltung der Kathedrale, im Innern Bildnisse von Alonso Cano. Die Grabmäler von Isabella und Ferdinand in der Capilla Real sind ein Werk des Florentiners Domenico Fancelli (1517), hier sind auch die Tochter Juana la Loca und Schwiegersohn Felipe el Hermoso bestattet. Isabella liebte niederländische Künstler, und so enthält die Bildersammlung der Kapelle Werke der herausragendsten Vertreter ihrer Zeit: van der Weyden, Bouts und Memling (tägl. 10.30–13, 16–19 Uhr, Okt.–März 15.30–18.30 Uhr). Gegenüber dem Eingang zur Capilla Real die ehemalige Koranschule, wie der verblasste Schriftzug ›Medrese‹ bezeugt. Die Atmosphäre eines arabischen Bazars will die Alcaicería aufleben lassen; doch einem Brand 1845 fielen weite Teile zum Opfer, heute ist er ein Markt für Souvenirs und Silberschmuck. Der Corral del Carbón aus dem Jahr 1330 gegenüber hinter der Straße Reyes Católicos ist die einzige überlebende Karawanserei Andalusiens und heute schöne Bühnenkulisse. Das Sommerhaus der Familie des Dichters Federico García Lorca kann man in der Huerta San Vicente in Granada besichtigen (di–so 10–13, 16–19 Uhr, Führung obligat.)
Veranstaltungen: Feb.–Juli: Festival Música y Danza; Aug.: Los Veranos del Corral, Komödien und Konzerte im Corral del Carbón; Sep.: Frauen-Theaterfestival ›Mariana Pineda‹ sowie die religiösen Feste ›Cruz de Mayo‹ mit vielen Sevillanabühnen; Ende Aug.: Fronleichnam und die Feierlichkeiten für die Stadtpatronin Virgen de las Angustias mit Prozession.
Einkaufen: Granada ist berühmt für seine Gitarrenbauer und Intarsienschnitzer. Traditionssitz war die Cuesta de Gómerez, doch heute überwiegt dort das Kunstgewerbe. Stöbern lohnt sich auch in der Cuesta de Chapiz (Albaicín) und in der Calle Real de la Alhambra.
Umgebung: Das 1506 gegründete Kartäuserkloster am östlichen Stadtrand von Granada an der Straße nach Murcia vereint einen Kreuzgang aus der Renaissance mit Barockkapellen im üppigen churrigueresken Stil, die Einzigen dieser Stilrichtung, die man in Granada sehen kann (mo–sa 10–13 und 16–20, so 10–12 Uhr). Federico García Lorca wurde in *Fuente Vaqueros*, 13 km westl., geboren. Das Haus steht heute Besuchern offen (di–sa 10–13 Uhr, 16–18 Uhr). Zu sehen sind Szenenbilder aus seiner Theaterarbeit, Fotos, Briefe. Tipp: Dort kann man Platten mit Lorca als Pianisten kaufen.
🛈 Oficina de Turismo, Plaza de Mariana Pineda 12, E-18009 Granada,
Tel. 958226688, Fax 958228916, eMail: turismo@dpgra.es; www.granada.org (Informationen der Stadtregierung).

Guadix ②

Schon die Römer sollen so gewohnt haben – in Höhlen nämlich. Das Barrio Santiago in Guadix sieht aus wie eine Schule für ökologische Häuslebauer: Grüne Matten wölben sich über Hügel, die eigentlich unterirdische Wohnungen sind, weiß getünchte Kamine ragen in die Luft, blau gestrichene Holztüren führen zu weiten Zimmerfluchten in Lößstein. Dienten diese Höhlen damals als Verstecke, so haben sie heute den Ruch des Rückständigen längst abgestreift. Eine Museumshöhle informiert über diese Wohnform (bei der Ermita Nueva, mo–fr 10–14 und 16–18, sa 10–14 Uhr).
Die Stadtkulisse wird von der Alcazaba (11. Jh.) beherrscht. Die Kathedrale Santa María de la Encarnación macht ihre drei Bauperioden öffentlich: Renaissance (Diego de Siloe), Barock und Neo-Klassizismus. Begonnen wurde 1510, der Turm stammt aus dem 17. Jh.
🛈 Oficina de Turismo, Carretera de Granada s/n, E-18500 Guadix,
Tel. 958662665, Fax 958665338.

Las Alpujarras ③

Das Maurenversteck südlich von Granada hat trotz zart wachsenden touristischen Interesses seine archaische Atmosphäre kaum eingebüßt. Zwischen den harschen Gipfeln und den schmalen, fruchtbaren Tälern suchen die Gäste Natur und Stille. Das winzige *Pampaneira*, Filmkulisse für den Film ›Yerma‹ nach der Vorlage von Lorca, und *Bubión* (ca. 27 km nordöstl. von Lanjarón) präsentieren sehr schön die Alpujarra-Architektur. Interessant sind auch *Busquistar* (34 km östl. von Lanjarón) und *Yegen* (66 km nordöstl. von Lanjarón; außerhalb der Detailkarte, siehe Karte Seite 94), beide in mühevoller Arbeit terrassenartig angelegt. Im höchstgelegenen Dorf Spaniens, *Trevélez* (1476 m, 44 km nordöstl. von Lanjarón), serviert man köstlichen luftgetrockneten Schinken. Die Mauren züchteten hier Seidenraupen und handelten mit dem kostbaren Gewebe.
Aktivitäten: Die Reiseorganisation Nevadensis, Calle Verónica, Plaza de la Libertad, Tel. 958763127, Pampaneira, vermittelt Führer für Wanderungen, Reitausflüge, Bergsteigen.
🛈 Oficina de Turismo, E-18420 Lanjarón, am Ortseingang, Tel. 95877002.

Nerja ④

Das Schönste an diesem angenehmen Badeort ist die Lage, die man von einer weit ins Meer ragenden Terrasse am besten bewundern kann. ›Balkon Europas‹ nennt man sie, die direkt von den Ausläufern der Sierra Almijara ans Wasser gepurzelt zu sein scheint. Die Terrasse ist nichts anderes als eine Klippe, die über zwei Stränden thront. Sehenswert sind die ausgedehnten Tropfsteinhöhlen, 5 km nordöstl., mit den höchsten Stalaktiten der Welt (tägl. 10.30–14 und 15.30–18 Uhr).
Veranstaltung: Ende Juli–Anf. Aug.: Musik- und Ballettfest in den Höhlen.
Umgebung: *Frigiliana*, 6 km nördl., ist ein ausgesprochen schmuckes weißes Dorf mit einer winzigen Judería, angenehmen Kneipen und Restaurants und vielen geschmackvollen Kunstgewerbeläden. Den Panoramablick zur Küste genießt man am besten bei Sonnenuntergang.
🛈 Oficina de Turismo, Puerta del Mar 2, E-29780 Nerja, Tel. 952521531,
Fax 952526287.

Maßstab 1:400.000 0 5 10 15 20km

Touristik-Informationen

Adressen

Spanisches Fremdenverkehrsamt, Myliusstr. 14, 60323 Frankfurt, Tel. 069/725033, Fax 725313, frankfurt@tourspain.es; Postfach 151940, 80051 München, Tel. 089/53074611, Fax 53074620, munich@tourspain.es; Grafenberger Allee 100, 40237 Düsseldorf, Tel. 0211/6803980, Fax 6803985, dusseldorf@tourspain.es; Kurfürstendamm 180, 10707 Berlin, Tel. 030/8826543, Fax 8826661, berlin@tourspain.es.
Informative Websites: www.andalucia.org; www.tourspain.es; www.costa-del-sol.net; www.red2000.com/spain

Anreise

Bahn: Die Anreise ist umweltfreundlich und gemütlich, aber lang: 36 Stunden sind einzukalkulieren. Die Streckenführung verläuft meist über Paris bis Madrid oder Barcelona, man muss aber an der Grenze umsteigen, denn die spanischen Züge brauchen breitere Gleise. Über Ermäßigungen gibt die Bahn Auskunft. Renfe, die spanische Eisenbahngesellschaft, steht im Internet: www.renfe.es

Flugzeug: Regelmäßige Charterflüge verbinden viele deutsche Abflughäfen mit Jerez de la Frontera, Sevilla, Málaga und Almería. Am häufigsten wird Málaga an der Costa del Sol angeboten. Die Tarife variieren je nach Saison, zu Ferienzeiten klettern sie in die Höhe (225–425 €). Mit Iberia kann man auch Granada anfliegen, dann ist meist ein Stopp in Madrid oder Barcelona einzukalkulieren. Lufthansa und Iberia bieten Linienflüge zu ermäßigten Flieg- und Spartarifen an, die an Bedingungen wie Festbuchung mindestens zwei Wochen vor Abflug geknüpft sind.

Auto: Aus dem Norden kommend, erreicht man Andalusien mit dem Auto entweder über Belgien und Frankreich (Aachen – Paris – Bordeaux – San Sebastián, Madrid) oder über die Schweiz und Frankreich (Lyon – Barcelona – Valencia – Murcia).

Autofahren

Neben dem nationalen Führerschein und dem Kfz.-Schein sollte man die Grüne Versicherungskarte mitführen. Eine Vollkasko- und Insassenversicherung ist empfehlenswert. Mitglieder des ADAC erhalten in einigen Hotels und Campingplätzen einen Nachlass von 5 bis 10 Prozent. Der ADAC-Euro-Schutzbrief, ist im Schadens- und Krankheitsfall sehr nützlich: Ersatzteilversand, Abschlepp- und Zollgebühren, Rücktransport, Hilfeleistungen werden vorgestreckt bzw. erstattet.
In Spanien gelten Höchstgeschwindigkeiten von 50 km/h in geschlossenen Ortschaften, auf Landstraßen mit zwei Fahrspuren 80, mit drei Fahrspuren 100 km/h, auf Autobahnen 120 km/h.

Der Norden der Provinz Huelva ist für Schinken bekannt: Felix de Múrtiga in El Repilado-Jabugo

Essen und Trinken

Im Landesinneren und im Gebirge bestehen die Eintöpfe und gehaltvollen Suppen aus Wild, Geflügel, Schwein und Gemüse mit einem guten Schuss Olivenöl – kein Wunder, denn das wird hier produziert. Ebenso verschwenderisch gehen die Andalusier mit Knoblauch um. Unerschrockene reiben sich schon ihr Frühstücksbrötchen mit paprikarotem Schmalz, Olivenöl und geschälten Knoblauchzehen ein, die in den Cafébars so selbstverständlich wie der Zucker auf dem Tresen zur Selbstbedienung stehen. Eine feine maurische Suppe, die Sopa de Ajo, besteht aus geriebenen Mandeln und Knoblauch – und das in Mengen. Sie wird mit Trauben bestreut und kalt genossen, ebenso wie der Gazpacho, eine Suppe aus pürierten Gurken, Zwiebeln, Paprika, Knoblauch, Tomaten und eingeweichtem Weißbrot.
An der Küste verzehrt man Fisch und Meeresfrüchte am liebsten gebraten. Am urigsten in den Fischbratereien z. B. in Puerto de Santa María und in Fuengirola, wo man sich die Fische in Papiertüten kauft. Eine Bäckerei für die Brötchen und ein Bierausschank liegen meist gleich nebenan.
Das schönste kulinarische Erlebnis in Andalusien ist der Besuch in der Tapas-Bar. Dort werden kulinarische Kleinigkeiten wie kalte Gemüsesalate, russische Eier, Kichererbsen mit Spinat, Fleisch in Tomatensauce, in Olivenöl, Knoblauch und Kräutern marinierter Ziegenkäse, kleine ganze Tintenfische, roher Schinken oder geräuchertes Schweinefilet angeboten. Dazu trinkt man einen Sherry, der hier Fino, Manzanillo, Oloroso, Amontillado oder Cream heißt – je nachdem, wie süß er ist. Anders als die Restaurants, die eingeschränkte Öffnungszeiten haben, sind die Tapas-Bars fast den ganzen Tag geöffnet. Als Gast muss man sich erst an die spanischen Essenzeiten gewöhnen: mittags ab 14 Uhr, abends erst gegen 21 Uhr.

Feiertage und Feste

Nationale Feiertage: 1. Jan.: Neujahr, 6. Jan.: Hl. Drei Könige, März/April: Karwoche, 1. Mai: Tag der Arbeit, Mai/Juni: Fronleichnam, 25. Juli: Santiago-Tag, Patron Spaniens, 15. Aug.: Mariä Himmelfahrt, 12. Okt.: Día de la Hispanidad, 1. Nov.: Allerheiligen, 6. Dez.: Tag der Verfassung, 8. Dez.: Mariä Empfängnis, 25. Dez.: Weihnachten.

Veranstaltungen: Feb./März: Karneval von Cádiz. März/April: Karwoche (Semana Santa), am eindrucksvollsten in Sevilla. Im Frühling/Sommer: Viehmärkte (Ferias) mit umfangreichem Rahmenprogramm (Sevilla im April, Córdoba im Mai, Jerez de la Frontera im Mai, Málaga im Aug. Mai: Cruz de Mayo; blumengeschmückte Kreuze werden auf öffentlichen Plätzen aufgestellt, und es wird lebhaft gefeiert. Die Wallfahrten finden ihren Höhepunkt in der Romería del la Virgen del Rocío (Coto de Doñana) zu Pfingsten. Juli: Meeresprozessionen an der Costa del Sol zu Ehren der Virgen del Carmen. Sept.: Für Flamencofans sind die Bulerías in Jerez wichtig. Dort schließt sich das Weinlesefest an.
Einen ausführlichen Festkalender hält das spanische Verkehrsamt bereit.

Reisedaten Andalusien

Flug von Deutschland	Inlandsverkehr	Reisepapiere	Devisen	Mietwagen	Benzin	Hotel	Ferienhaus	Menü	Einfaches Essen	Ortszeit	Tipp
Frankfurt/M.–Málaga ab 250 €	Busfahrt Sevilla–Granada ca. 13 €	Personalausweis oder Reisepass	1 € = 166 Ptas 100 Ptas = 0,60 €	ab 30 € pro Tag (unbegrenzte Kilometer, Versicherung)	In der Regel pro 1 Liter 0,1 € günstiger als in Deutschland	DZ/Frühstück: Luxuskat. ab 100 €, Mittelklasse ab 35 €	Hochsaison Woche ab: einf. 300 €, mittel 380 €, Luxus 500 €	3 Gänge mit Wein pro Pers. ab 25 €, Luxus ab 45 €	Tapas ab 2,50 €	MEZ	Die Renaissancepaläste in Úbeda und Baeza

Touristik-Informationen

Geld und Zahlungsmittel

Die spanische Währung heißt ›peseta‹, und man erhält sie in Münzen zu 5-, 25-, 100- und 200-Pesetas. Alle weiteren Werte werden in Noten ausgegeben: 500, 1000, 2000, 5000 und 10 000 Peseten. Mit Kreditkarten kann man in fast allen großen Kaufhäusern, vielen Geschäften, Hotels und Restaurants direkt bezahlen. Mit der Kredit- und EC-Karte lassen sich außerdem an den Geldautomaten bis zu 30 000 Peseten pro Tag abheben.
Spanien ist Euro-Land: Ab 2002 wird auch hier mit Euro bezahlt.

Gesundheit/Notfälle

Den Aufenthalt in der prallen Sonne sollte man möglichst meiden und Sonnenschutzmittel mit einem hohen Lichtschutzfaktor benutzen.
Notruf: 091 (Polizei), 080 (Feuerwehr und Ambulanz)

Literatur

Eine kleine Auswahl:
Reihe **Andalusien** aus dem Verlag Wilfried Janior, Kassel; **Rafael Alberti**: Der verlorene Hain, Frankfurt 1997; **Washington Irving**: Erzählungen aus der Alhambra, München 1999; **Juan Ramón Jiménez**: Platero und ich, Frankfurt, 1992; **Federico García Lorca**: Bluthochzeit, Frankfurt 1999, Bernarda Albas Haus, Frankfurt, 1999, Impressionen und Landschaften, Frankfurt 1999; **Antonio Muños Molina**: Die Stadt der Kalifen, Reinbek 1994, Der polnische Reiter, Reinbek 1995

Öffnungszeiten

Geschäfte sind zwischen 9 und 13.30 Uhr und von 16/17 Uhr bis 20/21 Uhr geöffnet. Modegeschäfte und große Kaufhäuser schließen am Samstagnachmittag nicht, Supermärkte erst gegen 22 Uhr. Manche Lebensmittelläden öffnen am Sonntagvormittag.
(Tapas-) Bars sind meist bis auf eine nachmittägliche Pause den ganzen Tag und am Abend geöffnet, manche öffnen nur abends. Restaurants haben feste Öffnungszeiten für die Mittags- und die Abendstunden.
Banken: mo–fr von 8.30 bis 13.30 Uhr. Behörden schließen am Wochenende.

Restaurants

Eine kleine Auswahl:

Volkstümliches Ambiente

** *Toruño,* Plaza del Acebuchal 22, E-21750 **El Rocío.** Das Hotelrestaurant bietet eine Auswahl an regionalen Spezialitäten.

Fuente Vaqueros setzte Federico García Lorca, dem Sohn der Stadt, ein nicht unumstrittenes Denkmal.

* *Belezmin,* Plaza de la Libertad, E-18411 **Pampaneira.** Gemütliche, ländliche Kneipe mit regionalen Gerichten, z. B. Fencheleintopf mit Wachteln.
** *Doña Pepa,* Plaza del Socorro 10, E-29400 **Ronda**, Tel. 952874777, Fax 952875380. Preiswerte Mittagsmenüs in einem komplett mit Fliesen geschmückten Restaurant.
* *Hostería Río Madera,* bei E-23379 **Segura de la Sierra**, Parque Natural Cazorla, Segura y las Villas, Tel. 953126204. Rin-Ran, Talarines (eine fette, arabisch gewürzte Suppe mit Hasenfleisch) und geräucherte Forellen gehören zu den deftigen Köstlichkeiten in diesem Landgasthof.
** *Mesón Joaquin, E18417* **Trevélez.** Auf der Terrasse wird neben opulenten Schinkenplatten auch guter Fisch serviert.
* *Pensión Vidaña,* Carretera de Almería, E-18480 **Ugijar**, Tel. 958767010. Im fernen Washington errang die schlichte Pension eine Goldmedaille für ausgezeichnete Regionalküche.

Tapas-Bars:
Taberna Salinas, Tundidores 3 (bei der Corredera), E-14002 **Córdoba.** Sehenswerte alte Holztheke, Tapas und Sherry-Weine, Restaurant ist angeschl.
Echatepaya, Misericordia 5, E-11403 **Jerez de la Frontera**. Sehr wenig Platz, aber leckere Tapas.
Antigua Casa Guardia, Alameda 18, E-29015 **Málaga.** Schmales Traditionslokal für Malaga-Weine, zu essen gibt es Shrimps aus der Hand.
Díaz Salazar, García de Vinuesa 2, E-41001 **Sevilla.** Stimmungsvolles Weinlokal, man steht oder sitzt an Tischen, über denen Schinken hängen und zwischen riesigen, duftenden Jerezfässern.
Rinconcillo, Gerona 40, E-41003 **Sevilla**. Existiert seit 1670. Eine der lebhaftesten Tapas-Bars der Stadt.

Traditionsrestaurants:
** *Juanito,* Av. Arca del Agua s/n, E-23440 **Baeza** (auf dem Weg nach Úbeda). Die Hausmannsküche des gleichnamigen Hotels ist Liebling der spanischen Prominenz von Andrés Segovia bis hin zu Stierkämpfern.
*** *Churrasco,* Romero 16, E14003 **Córdoba**, Tel. 9290819. Jüdisches Haus aus dem 14. Jh., auf den Tellern leicht ausgefallene cordobeser Küche mit Stil.
*** *Sevilla,* Oficios 12, E-18001 **Granada**. Exquisite Adresse vis-à-vis der Capilla Real. Die Tapas genießen einen guten Ruf.
** *El Chinitas,* Moreno Monroy 4, E-29015 **Málaga.** Den Fisch sucht man sich aus dem Bassin aus, recht schick, ruhig und gut.
*** *Convento San Francisco,* La Plazuela, E-11150 **Vejer de la Frontera.** Tafeln im Franziskanerkloster mit restaurierten Fresken an den Wänden.
*** *Egaña Oriza,* San Fernando 41, E-41004 **Sevilla.** Elegantes und prächtiges Ambiente in einem ehemaligen Palast, feinste spanische Küche.
* *La Casa del Marqués,* Plaza Marqués de la Rambla 2, E-03658 **Úbeda.** Freiluftlokal und gediegener Speisesaal mit ausgewählten Spezialitätenmenüs der Region.

Preiskategorien Restaurants
*** ab 25 €
** bis 25 €
* bis 15 €
Tapas erhält man ab 2,50 €

Souvenirs

Das traditionelle Kunsthandwerk liefert eine Fülle an regionalen Besonderheiten. Flechtereien aus Espartogras und Keramik (Nijar, Sorbas) gibt es in Almería, Honig, Mandelcreme, Keramik, Olivenöl in Jaén, Gitarren, Keramik (Granatapfelmotiv), Intarsienarbeiten, Schinken aus Trevélez in Granada, Silberschmuck und Leder in Córdoba. Sevilla steuert Spitzenmantillas, Fächer und schöne Stickereien bei. In der Provinz Cádiz ersteht man Leder und Gewebtes (Grazalema).

Sport und Strände

Die langen Sand- und Kiesstrände gehören für viele Besucher zu den Hauptattraktionen Andalusiens. Sie unterliegen den strengen Kontrollen der EU-Kommission und gehören zu den saubersten des spanischen Festlandes. Die Costa de la Luz wird ständig vom Atlantik bespült, und durch die Straße von Gibraltar lässt eine kräftige Meeresströmung frisches Atlantikwasser entlang der Costa del Sol nach Osten fließen. Den Möglichkeiten, sich im Meer auch anders als schwimmend fortzubewegen, sind keinerlei Grenzen gesetzt – vom Tretbootfahren über Windsurfen und Wasserski bis zum Paragliding wird alles angeboten. Speziell unter Windsurfern genießt die Costa de la Luz einen hervorragenden Ruf: In Tarifa ist der April mit durchschnittlich 3,5 Beaufort der windstärkste Monat. Tauchkurse absolviert man u. a. in

Touristik-Informationen

La Herradura 10 km östl. von Nerja an der Costa del Sol, Segler finden Quartier in rund 40 Sportboothäfen.
Spanien bringt regelmäßig Tour- und Olympiasieger im Radfahren hervor, entsprechend beliebt ist dieser Sport. Attraktive Gebiete sind die Ebene des Gudalquivir, die Alpujarras und die Wälder von Cazorla. Auch die touristische Weiße-Dörfer-Tour ist eine Herausforderung. Leihfahrräder bekommt man in größeren Ferienstädten, doch meist keine guten tourentauglichen. Die staatliche Eisenbahngesellschaft Renfe transportiert Fahrräder zwar kostenlos, allerdings nicht auf jeder Streckenverbindung.

Sprachschulen

Empfehlenswerte Sprachschulen gibt es beispielsweise in Conil de la Frontera in der Provinz Cádiz: Academia Andaluza, Carretera del Punto 9, E-11140 Conil (Cádiz), Tel. und Fax 956440552, eMail a.andaluza@arconet.es; Academia Atlantika, Bodegueros 5, E-11140 Conil, Tel. 956441296, Fax 956443172, www.atlantika.net

Telefon

Vorwahl nach Spanien: 0034, von Spanien nach Deutschland: 0049, nach Österreich: 0043, in die Schweiz: 0041, danach die Ortsvorwahl ohne die 0. Die Vorwahlen gelten für die gesamte Provinz und nicht für eine einzelne Stadt. Man muss also immer die neunstellige Telefonnummer wählen.

Unterkunft

Eine kleine Auswahl:

Am Meer:
*****Las Dunas*, Ctra. de Cádiz, bei E29680 **Estepona**, Tel. 952794345, Fax 952794825, eMail Lasdunas@las_dunas.com. Großes Luxushotel am Strand mit allen Schikanen: eigenem Golfplatz, Gesundheits- und Fitnessräumen, Schönheitsfarm.
****Hotel Los Fenícios*, Paseo Marítimo Andrés Segovia s/n, E-04649 **La Herradura**, Tel. 958827900, Fax 958827910. Mit Dachpool und schönen Balkonzimmern, freundliches Personal.
****Hotel Carabeo*, Hernando de Carabeo 34, E-29780 **Nerja**, Tel. 952525444, Fax 952522677, eMail Hcarabeo@arrakis.es. Mischung aus britischem Club und Laura-Ashley-Stil. Bar, Restaurant, Swimmingpool. Nur 8 Zimmer, Reservierung empfehlenswert.
***Dos Mares*, Crta. 340, km 79,5, nördl. E-11380 **Tarifa**. Tel. 956684035. Direkt am Meer gelegen, weiße Bungalows und Zimmer. Die Terrasse ist Treffpunkt der Surfer, dier hier gerne wohnen.

Die Katholischen Könige, Isabella und Ferdinand, sind in Granada allgegenwärtig: Das Rathaus birgt diese Medaillons.

***Hurricane*, Crta. 340, nördl. E-11380 **Tarifa**, Tel. 956684919. Unterhält eine eigene Surfschule, internationales Publikum, empfehlenswertes Restaurant.

In der Stadt:
****Hotel Atlántico*, Duque de Najera 9, E-11002 **Cádiz**, Tel. 956226905, Fax 956214582. Geräumiges, luftiges Hotel im Parque Genovés direkt am Meer.
****Amistad*, Placa de Maimónides 3, E-14004 **Córdoba**, Tel. 957420335, Fax 957420365. Luxuriös, mitten in der Judería.
***Mezquita*, Pl. Sta. Catalina 1, E-14003 **Córdoba**, Tel. 957475585, Fax 957476219. Postmoderne und arabische Tradition versuchen eine Synthese. Schöne repräsentative Zimmer, zentrale Lage.
*****Alhambra Palace*, Peña Partida 2, E-18009 **Granada**, Tel. 958221468, Fax 958226404. Wirkt wie eine Hollywoodversion der maurischen Architektur. Wundervoller Blick über Granada.
****Palacio de Santa Inés*, Cuesta de Santa Inés, E-18010 **Granada**, Tel. 958222362, Fax 958222465. Minimalistisch möblierter, stilsicher renovierter Palast aus dem 16. Jh., einziges Hotel auf dem Albaicín, nur wenige Zimmer. Reservieren.
*****Parador Nacional de Santa Catalina*, Carretera Castillo Sta. Catalina, E-23001 **Jaén**, Tel. 953230000, Fax 953230930. Thront neben der Festung oberhalb der Stadt, versucht, stilistisch an die mittelalterliche Atmosphäre anzuknüpfen. Große Balkone.
*****Parador de Turismo de Ronda*, Plaza España s/n, E-29400 **Ronda**, Tel. 952877500, Fax 952878188. Elegant, in herrlicher Lage am Tajo, mit Garten und Swimmingpool.
****Don Miguel*, Villanueva 8, E-29400 **Ronda**, Tel. 952877722, Fax 952878377. Neben der Puente Nuevo über dem Tajo. Gepflegte, kleine Zimmer.
*****Los Seises*, Segovias 6, E-41008 **Sevilla**, Tel. 954229495, Fax 954224334. Zwischen Kathedrale und Barrio Santa Cruz, postmodernes Design, Swimmingpool auf dem Dach, genau neben der Giralda.
***Murillo*, Lope de Rueda 7, E-41004 **Sevilla**, Tel. 954216095, Fax 954219616. Mitten im Barrio Santa Cruz. Einfache Zimmer.
** *Simon*, García de Viunuesa 19, E-41001 **Sevilla**, Tel. 954226660, Fax 954562241. Nicht mehr ganz neu, aber stilvoll. Mitten im Zentrum gelegen, aber dennoch ruhig.
****Palacio de la Rambla*, Plaza del Marqués 1, E-03658 **Úbeda**, Tel. 953750196, Fax 953750267. Restaurierter Palast aus dem 16. Jh., mitten in Úbeda und trotzdem sehr ruhig. 6 Zimmer, reservieren.

Auf dem Land:
***Alcazaba de Busquistar*, Crta. Orgiva-Laujar, **Alpujarras** (E-04470 Laujar), Tel. 958858687, Fax 958858693. Mit Pool, Glockenturm, großzügigen, bäuerlich eingerichteten Zimmern. Ausflüge, Pferdevermietung.
***Molino del Santo*, Barriada. Estación s/n, E-29370 **Benoaján** bei Ronda, Tel. 952167151, Fax 952167327. Bezaubernd gelegene kleine Anlage mit Pool und Gärten.
****Villa Turística de Bubión*, Barrio Alto, E-18412 **Bubión**, Tel. 958763111, Fax 958763136. Bequeme 4-Personen-Bungalows mit Kamin.
***Noguera de la Sierpe*, Crta. del Tranco, Parque Natural Cazorla, **Segura y las Villas**, Tel. 953713021, Fax 953713109. Gemütliches, attraktives, gepflegtes Hotel mit viel Holz, bietet Ausflüge, Wandern, Reiten.

Preiskategorien Hotels

*****	über 125 €
****	zwischen 75 und 125 €
***	zwischen 50 und 75 €
**	unter 50 €
*	unter 35

Wetterdaten

Málaga	Tages-temp. max.	Nacht-temp. min.	Wasser-temp.	Tage mit Nieder-schlag	Sonnen-stunden pro Tag
Januar	17°	8°	15°	5	5
Februar	17°	9°	14°	4	6
März	18°	11°	14°	5	7
April	21°	13°	15°	4	8
Mai	23°	15°	17°	3	10
Juni	27°	19°	18°	1	11
Juli	29°	21°	21°	0	11
August	30°	22°	22°	0	11
September	27°	20°	21°	2	9
Oktober	23°	16°	19°	4	7
November	20°	12°	17°	5	6
Dezember	17°	10°	16°	6	6

Durchschnittswerte Quelle: Deutscher Wetterdienst, Hamburg

Register

(**Fettgedruckte** Ziffern verweisen auf Autoatlas und Stadtplan, unterstrichene Ziffern auf Abbildungen)

Algeciras 35, 43 (Tarifa)
Alhambra (Granada) 8/9, 8, 17, 97, 98/99, 99, 101, 103
Almería 16, 17, 87, 88/89, 89, y94, 95, 110, 111
Almodóvar del Río 72/73, 75 (Córdoba)
Almonte 47
Almuñécar 16
Arcos de la Frontera 40, 41, 42, 43

Baeza 80/81, 81, 83, 84, 85
Beas 85 (Cazorla)
Bubión 105, 105, 109 (Las Alpujarras)
Busquistar 109 (Las Alpujarras)

Cabo de Gata 15, 87, 93, 92, 93, 94, 95
Cabra 75 (Sierra Subbética)
Cádiz 16, 30/31, 31, 32/33, 33, 42, 43
Calar Alto 90/91, 95 (Tabernas)
Carmona 62, 63, 64, 65
Casares 29 (Marbella)
Castellar de la Frontera 43 (Tarifa)
Cazorla 78, 84, 85, 111
Conil de la Frontera (Cádiz) 43
Córdoba 6, 9, 16, 17, 66/67, 67, 68/69, 71, 70/71, 71, 72, 73, 73, 74, 75, 110
Costa de Almería 16
Costa de la Luz 16, 111
Costa del Sol 16, 21, 111
Costa Tropical 16, 17
Coto de Doñana 11, 16, 44/45, 46/47, 48/49, 49, 52, 53, 110

Écija 62, 63, 64, 65
El Acebuche 53 (Coto de Doñana)
El Pozo de los Frailes 93
El Puerto de Santa María 43
El Rocío 10/11, 11, 45, 46/47, 47, 49, 52, 53 (Cádiz)
El Torcal 29 (Málaga)
Embalse de El Tranco 85 (Cazorla)
Estepona 18/19, 29 (Marbella)

Frigiliana 106, 109 (Nerja)
Fuengirola 21, 25, 29 (Málaga)
Fuente Vaqueros 103, 109 (Granada)

Garganta del Chorro 23, 29 (Málaga)
Gaucín 29 (Ronda)
Generalife (Granada) 96/97, 97, 99
Gérgal 91, 95 (Tabernas)
Gibraltar 16, 24/25, 27, 28, 29
Granada 9, 16, 17, 97, 99, 100/101, 101, 102/103, 103, 108, 109, 111
Grazalema 40, 41, 41, 42, 43, 111
Guadix 104, 106, 107, 108, 109

Huécija 95 (Almería)
Huelva 16, 17, 52, 53

Isla Cristina 51, 53 (Huelva)
Itálica 65 (Sevilla)

Jaén 6, 16, 17, 77, 79, 82/83, 84, 85, 111
Jerez de la Frontera 35, 36/37, 37, 42, 43, 110
Jimena de la Frontera 42, 43
Jimera de Libar (Ronda) 29

La Herradura 111
La Iruela (Cazorla) 80/81, 85
La Isleta (Cabo de Gata) 95, 86/87
La Rábida (Palos de la Frontera) 51, 51, 53
Lanjarón 109 (Las Alpujarras)
Las Alpujarras 16, 99, 105, 107, 108, 109, 111
Lepe 50, 51, 53 (Huelva)
Lucainena de las Torres 95 (Níjar)
Lucena 75 (Sierra Subbética)
Luque 75 (Sierra Subbética)

Málaga 16, 17, 19, 20/21, 21, 22, 28, 29, 110
Marbella 16, 21, 22/23, 25, 28, 29
Matascalañas 53 (Coto de Doñana)
Mazagón 53 (Huelva)
Medina Azahara (Córdoba) 17, 69, 69, 75
Medina Sidonia 41, 43 (Cádiz)
Mezquita (Córdoba) 9, 17, 70, 71
Mijas 29 (Málaga)
Mini-Hollywood 91, 90, 95 (Tabernas)
Moguer de la Frontera 53 (Huelva)
Montes de Málaga 23, 29 (Málaga)
Montilla 75 (Sierra Subbética)
Motril 16, 107
Mulhacén 16

Nerja 107, 107, 108, 109
Niebla 51, 53 (Huelva)
Níjar 93, 90, 94, 95, 111

Olvera 41, 42, 43

Palos de la Frontera 51, 52, 53
Pampaneira 104, 105, 109 (Las Alpujarras)
Parque Natural Sierra de Cazorla, Segura y las Villas 16, 76/77, 78/79, 80/81, 81, 85 (Cazorla)
Playa de los Genoveses 93, 95 (Cabo de Gata)
Playa Monsul 95 (Cabo de Gata)
Priego de Córdoba 75 (Sierra Subbética)
Puerta de Segura 85 (Cazorla)

Rodalquilar 93, 95 (Cabo de Gata)
Ronda 6/27, 27, 28, 29
Roquetas de Mar 95 (Almería)

Salobreña 107
San José 93, 95 (Cabo de Gata)
Sanlúcar de Barrameda 50, 53 (Coto de Doñana)
Segura de la Sierra 6, 85 (Cazorla)
Setenil de las Bodegas 39, 42, 43
Sevilla 16, 54/55, 55, 56/57, 57, 58/59, 59, 60/61, 61, 62/63, 64, 65, 110, 111
Sierra de Alhamilla 90, 91, 95 (Almería)
Sierra de Cazorla 76/77, 78/79, 80/81
Sierra de Gador 95 (Almería)
Sierra de Gata 14/15, 91, 93, 95 (Cabo de Gata)
Sierra de los Filabres 91
Sierra de Tabernas 87, 91, 91
Sierra Nevada 16, 104/105, 107
Sierra Subbética 72/73, 74, 75
Sorbas 93, 111
Sotogrande 23
Suspiro del Moro 105

Tabernas 94, 95
Tarifa 38/39, 42, 43, 111
Texas-Hollywood 91, 95 (Tabernas)
Torremolinos 16, 25, 20, 29 (Málaga)
Trevélez 104, 109 (Las Alpujarras)

Úbeda 80/81, 83, 84, 85

Vejer de la Frontera 41, 43 (Cádiz)

Weiße Dörfer 13, 39, 42, 43

Yegen 109 (Las Alpujarras)

Zahara de la Sierra 12/13, 40/41, 41

Zeichenerklärung Karten

Verkehr

- Autobahn mit Anschlussstelle, Halbanschlussstelle - Mautstelle (Utrera Los Palacios, 12, 2)
- Autobahn in Bau - geplant
- Tankstelle - Rasthaus -, mit Motel (La Florida)
- Vierspurige Straße - in Bau
- National- oder Staatsstraße - in Bau
- Wichtige Hauptstraße - in Bau
- Hauptstraße - Nebenstraße
- Fahrweg (nur bedingt befahrbar) - Fußweg
- Autobahn-, Straßennummerierung (A 4, NIV, 376)
- Europastraßennummer (E 5)
- Kilometrierung an Autobahnen (7, 3, 4)
- Kilometrierung an übrigen Straßen (3, 1, 2)
- Hauptbahn mit Bahnhof - Nebenbahn
- Schifffahrtslinie mit Autotransport
- Boots- oder Jachthafen - Golfplatz
- Flughafen - Flugplatz - Segelflugplatz

Sehenswürdigkeiten

- Besonders sehenswerter Ort (CADIZ)
- Sehenswerter Ort (HUELVA)
- Besonders sehenswertes Bauwerk (Puente romano)
- Besondere Natursehenswürdigkeit (Cuevas de Nerja)
- Natursehenswürdigkeit (Garganta del Chorro)
- Sonstige Sehenswürdigkeit (Monasterio de la Rábida)
- Wo-gibt-es-was? - Hinweis
- Landschaftlich schöne Strecke
- Nationalpark, Naturpark
- Aussichtspunkt
- Burg, Schloss f. Besucher zugänglich - Ruine
- Sonstige Burg,- Kirche - Kloster - Kapelle
- Ruinen
- Turm - Funk- oder Fernsehturm -
- Denkmal - Leuchtturm - Höhle

Sonstiges

- Einzeln stehendes Hotel oder Gasthaus - Motel
- Parador, Pousada
- Jugendherberge - Berghütte - Einzelhof
- Campingpl. ganzjährig -, nur im Sommer
- Strandbad - Schwimmbad - Heilbad
- Guter Badestrand
- Distrikt-oder Provinzgrenze
- Wald

Impressum

1. Auflage 2001
Verlag: HB Verlag, Marco-Polo-Zentrum, 73760 Ostfildern, Postfach 3151, 73751 Ostfildern, Telefon 0711/4502-0, Telefax 0711/4502-135, www.hb-verlag.de
Geschäftsführer: Dr. Thomas Brinkmann, Dr. Stephanie Mair-Huydts © HB Verlag, 2001, für den gesamten Inhalt, soweit nicht anders angegeben
Redaktion und Produktion: Harksheider Verlagsgesellschaft mbH, Fabersweg 1, 22848 Norderstedt, Telefon 040/528862-0, Telefax 040/5234056, eMail HVGmbh@aol.com
Redaktion: Ulrike Klugmann (verantwortlich), Horst Keppler, Helga Schnehagen **Text und Bildrecherche:** Susanne Asal, Frankfurt
Exklusiv-Fotografie: Miquel Gonzales, Barcelona **Zusätzliches Fotomaterial:** HB-Bildatlas Fotoservice/Thomas Peter Widmann S. 26 M.r., 57 o. und 68 o.r.
Layout: Rolf Bünermann, Gütersloh **Kartografie:** © Mairs Geographischer Verlag, Ostfildern
HB-Bildatlas Fotoservice: Harksheider Verlagsgesellschaft mbH, Fabersweg 1, 22848 Norderstedt, Telefon 040/528862-22, Telefax 040/5234056

Anzeigenalleinverkauf: KV Kommunalverlag GmbH, Postfach 810565, 81905 München, Telefon 089/928096-24, Telefax 089/928096-20
Vertrieb Zeitschriftenhandel: Partner Pressevertrieb GmbH, Postfach 810420, 70521 Stuttgart, Telefon 0711/7252-227, Telefax 0711/7252-310
Vertrieb Abonnement: Zenit Pressevertrieb GmbH, Postfach 810640, 70523 Stuttgart, Telefon 0711/7252-198, Telefax 0711/7252-333
Vertrieb Buchhandel und Einzelhefte: Mairs Geographischer Verlag, Marco-Polo-Zentrum, 73760 Ostfildern, Telefon 0711/4502-0, Telefax 0711/4502-340
Reproduktionen: Otterbach Digital World KG GmbH & Co., Rastatt **Druck und buchbinderische Verarbeitung:** Echter Würzburg. Printed in Germany

ISBN 3-616-06124-5

Sylt · Amrum · Föhr

Foto: Strandleben bei Kampen.

Die spröden Schönen ganz im Norden

Was ist denn so schön am Urlaub auf den Nordfriesischen Inseln oder auf den Halligen, fragen skeptisch die Daheimgebliebenen. Wie war denn das Wetter, folgt noch skeptischer. Ja, was ist denn nun das Besondere am Urlaub auf den Eilanden im Wattenmeer? Einmal das Wattenmeer selbst, das als Naturlandschaft in der Tat einzigartig ist. Unvergesslich auch der Moment, wenn der Dünenkamm erklommen ist und der Blick aufs offene Meer die Seele weitet. Ganz sicher sind es die dramatischen Wolkeninszenierungen über dem Strand, dem Deich, der Marsch. Und: Es ist der Geruch von Salz und Tang, Kiefern und Heide.

Die Nordfriesischen Inseln liegen vor der Küste Nordfrieslands. Jede Insel, jede Hallig hat ihre ganz spezifische Note. Was aber macht den eigenartigen Zauber von Sylt aus, dass Fans gern von ›ihrer Insel‹ sprechen? Sylt ist an jeder Stelle anders: Wer das Bäuerliche sucht, liebt den Osten, wer das Mondäne bevorzugt, geht nach Kampen. Wer dem Duft nach Abenteuer nachspüren möchte, steht am Hafen von Hörnum. Und wer es großstädtischer mag, der ist in Westerland gut aufgehoben.

Stiller und familiärer geht es auf den Inseln Föhr und Amrum zu. Unter Naturfreunden gilt Amrum als die schönste der Nordfriesischen Inseln: Nadelwald und Heide, hohe Dünen und der unendlich weite Kniepsand – der Charme liegt in der Natürlichkeit der Insel. Föhr zehrt noch immer von seiner Walfängervergangenheit. Am faszinierendsten aber ist die Welt der Halligen: Rundherum Wasser und eine Sicht bis zum Horizont – das macht den Reiz dieser Eilande aus.